Walter Kaufmann
Die meine Wege kreuzten

Walter Kaufmann

Die meine Wege kreuzten

Begegnungen aus neun Jahrzehnten

Quintus

Gedruckt mit freundlicher Unterstützung
der Rosa-Luxemburg-Stiftung.

In einigen Fällen sind die Klarnamen der in den Texten erwähnten Personen durch Pseudonyme ersetzt. Wer unter denen, deren Namen geändert wurden, glaubt, er erkenne sich wieder, sei jedoch nicht zutreffend beschrieben, dann sei ihm dies zugestanden. Denn es handelt sich durchweg um subjektive, aus der Sicht des Autors gestaltete Porträts.

Der Quintus-Verlag ist ein Imprint
des Verlages für Berlin-Brandenburg
www.quintus-verlag.de

1. Auflage 2018

Binzstraße 19, D–13189 Berlin
www.verlagberlinbrandenburg.de

Umschlaggestaltung: Stephanie Raubach, Berlin, unter
Verwendung von Thinkstock-Foto Nr. 594064206,
© MaleneRauhe
Satz und Gestaltung: Ralph Gabriel, Berlin
Druck und Bindung: Multiprint OOD, Kostinbrod

ISBN 978-3-947215-24-9

Inhalt

Australien

Kreuz und quer und in der DDR

Vorwort

Sie traten vor mein inneres Auge, immer des Nachts, und nur in der Einsamkeit. Es war, als hätten sie gewusst, dass ich über sie schreiben wollte, ich ein Buch plante, in dem sie vereint sein würden.

Sie tauchten nicht chronologisch auf: Da war Turnlehrer Troll aus dem Duisburg des Jahres 1937, und plötzlich kam Sergeant McNeil von der US-Army dazu, der mich, den unerfahrenen Soldaten, sieben Jahre später hinters Steuer eines Jeeps setzte. Der Rabbi Neumark meiner Kindheit rückte ins Bild, und nach ihm Bluey Flannagan, der achtzehnjährige irisch-australische Seemann vom Kohlendampfer „Aeon“, der 1950 in Newcastle vor Anker lag. Die hübsche Adele Bundschuh, jene Märchenerzählerin, die mich im Jahr 1930 faszinierte, folgte der russisch-jüdischen Miriam Salganik, der ich erst ein Vierteljahrhundert später begegnete. Kurzum: Sie erschienen nie planmäßig, sondern stets, wann und wie sie wollten, und ich hatte für das Buch die zeitliche Reihenfolge herzustellen. Das war nicht schwer.

Nichts war schwer beim Schreiben von *Die meine Wege kreuzten*. Ich kam zügig voran und gestaltete jeweils in nur wenigen Stunden Erzählungen aus einem Guss, Prosastücke, die wenige Änderungen brauchten – die Arbeit gab mir Auftrieb.

Mit 94 blickt der Autor auf ein langes, erfülltes Leben zurück. Seine Begegnungen waren ungezählt.

Düsseldorf & Duisburg

Simon Hartoch – Düsseldorf, 1927

Eben noch hatte der Dreijährige Beine baumelnd auf dem Schreibtisch des Großvaters gehockt, und kaum war der alte Herr einen Augenblick aus dem Zimmer, da hatte er sich selbstständig gemacht, war vom Schreibtisch auf den Teppichboden geplumpst, war aufgestanden und durch die offene Tür in den Flur gelangt – wie er von dort drei Stockwerke tief zwischen all die Verkaufsstände, Theken und Vitrinen ins Erdgeschoss des riesigen Warenhauses kam, weiß er nicht mehr – war es im Fahrstuhl oder über die Treppen? Er weiß nur, plötzlich war er nicht mehr im Gedränge, sondern draußen auf der Straße, verloren auf dem breiten Bürgersteig und allein – so allein. Alles erschreckte ihn, die Fußgänger, die ihn schubsten, die Autos, die hupten, die Straßenbahn, die quietschte. Wo bin ich bloß? Er lief nach links, er lief nach rechts, er fand den Ausgang nicht, durch den er nach draußen gelangt war, diese großen glitzernden Flügeltüren, die sich öffneten und schlossen, öffneten und schlossen. Er begann zu weinen, dann zu schreien, eine Frau nahm ihn beiseite, fragte ihn nach der Mama, nach dem Papa, fragte ihn nach seinem Namen. Er schluchzte und gab keine Antwort, die Frau schüttelte ihn, da schrie er wieder. Die Frau ließ ihn los, ließ ihn gehen – und wäre da nicht zufällig Onkel Albert aus der Einkaufspassage aufgetaucht, Tante Ernas Mann, Großvaters Geschäftsführer, er hätte sich in einen Zustand absoluter Panik geschrien. Der Onkel packte ihn am Arm, stieß ihn vor sich her und durch die Glastür, die sich hinter ihnen schloss, und schon fand er sich im Gedränge der Kunden im Erdgeschoss wieder. Onkel Albert blieb ungehalten, er hielt ihm den Mund zu, dass er nicht wieder zu schreien anfing – und nie wird er sich erinnern, nie erzählen können, wie er zurück in Großvaters großes Büro im obersten Stockwerk gelangt war. „Setz den

Ausreißer auf den Schreibtisch", sagte der Großvater zu Onkel Albert. Der führte ihn zwischen den Ledersesseln zum Schreibtisch, setzte ihn vor den Großvater, der ihn zu verhören begann: „Warum bist du weggelaufen, und wie kamst du bis auf die Straße? Wie – ich will's wissen!" Er senkte schuldbewusst den Kopf, schlug die Augen nieder. „Antworte mir!", sagte der Großvater. Er schwieg. „Wenn deine Mutter das erfährt ..." Er blickte vom Großvater zu Onkel Albert und sagte flehend: „Nein, bitte nicht!" Er streckte die Hände aus, griff dem Großvater in den Bart. „Chapp!" machte der Großvater, als wolle er ihm die Hand abbeißen. Er tat erschrocken, lachte, war wieder froh. „Onkel Chapp", versprach er, „ich will's nie wieder tun." „Das will ich hoffen", sagte der Großvater, den dieses *Onkel Chapp* belustigte, denn er war ja kein Onkel, sondern Großvater Simon Hartoch vom Düsseldorfer Warenhaus Gebrüder Hartoch.

Bommi Schokoeis – Duisburg, 1929

Bommi, der Eisverkäufer, den ich Bommi Schokoeis nennen darf, und der überall auftaucht, wo was los ist, hat mir erzählt, auf dem Hof der still gelegten Schraubenfabrik am Sternbuschweg habe sich der Zirkus „Kunterbunt" eingerichtet, mit einer Giraffe, einem Bären und einem trompeteblasenden Elefanten. Auch ein Clown trete auf. Das alles für drei Groschen. Natürlich renne ich hin. Von Weitem schon ist über der Fabrikmauer die Spitze des Zirkuszelts zu sehen, obendrauf eine Fahne, die im Wind flattert. Helle Trompetenstöße sind zu hören – ob das der Elefant ist? Mit vier Groschen in der Tasche habe ich genug für den Eintritt und eine Kugel Eis. Atemlos komme ich am Zirkuseingang an. Bommi steht schon da, dick und rund hinter seinem Karren – auf Rädern ist man schneller als zu Fuß! Der Karren ist umringt und es dauert, bis ich drankomme. Bommi kratzt gerade das letzte Eis aus dem Kübel. Er lacht mich an. „Acht Pfennig für was noch drin ist", verspricht er, füllt ein Hörnchen bis über den Rand und setzt eine Kugel oben drauf. Er gibt mir Wechselgeld. „Dass dir die Giraffe das Eis nicht wegschnappt oder der Bär", warnt er, „kommt oft vor." Ich sehe ihn grinsen. Er schlägt den Deckel vom Karren zu und verschwindet eiligst. Prima, denke ich, wenn ich den Eintritt bezahlt habe, bleiben mir noch zwei Pfennig. Ich bezahle den Einlass. Weil ich klein bin, weist mir der Zirkusjunge einen Platz ganz vorn zu. Ich halte Ausschau nach der Giraffe und dem Bären – nichts da! Und kein Elefant bläst Trompete. Nur sechs bunte Hunde laufen bellend im Kreis und springen durch Reifen, die der Zirkusjunge ihnen hinhält. Hoch auf einer Schaukel hockt ein Äffchen und guckt zu, wie der Zirkusjunge Teller auf Stöcken balanciert. Plötzlich sind die Hunde weg und auf einem Eselchen kommt ein Clown in die Arena gerit-

ten. Der sieht irgendwie wie Bommi aus, dick und rund. Sein Gesicht ist zugeschminkt, der Mund ist rot und auf seiner Nase klemmt ein roter Ball. Er springt vom Esel, schickt den Zirkusjungen aus der Arena und schlägt Purzelbäume im Sägemehl. Das macht er, obwohl er dick und rund ist. Zum Staunen ist das, und komisch. Er läuft auf mich zu, beugt sich über den Manegenrand und zaust mein Haar. Das *muss* Bommi sein! Mir fällt ein, wie eilig er verschwunden war, nachdem er mir das Eis aus dem Kübel gekratzt hatte. Es kommen noch sechs Gänse, die im Gänsemarsch laufen, und das Äffchen reitet auf dem Esel. Als ich nach der Vorstellung meine zwei Pfennige für Eis ausgeben will, sehe ich Schminkspuren am Hals von Bommi. Also doch! Hatte er mich auch mit der Giraffe, dem Bären und dem Elefanten gefoppt – dass *er* den Clown machte, wusste ich gleich! Ich stelle mich auf Zehenspitzen und sehe, dass der Kübel wieder voll ist. Wie macht er das bloß! Ich halte ihm meine zwei Pfennige hin. „Mein letztes Geld“, sage ich, und dann ganz laut: „Du warst der Clown!“ Er lacht, dass ihm der Bauch wackelt. „Kluges Kerlchen“, ruft er, „gerade mal fünf – und schon so pfiffig!“

Sally Martin Kaufmann – Duisburg, 1929

„Vater“, sage ich, „erzähl noch mal was von Hutzliputzli“. Zu meiner Enttäuschung beginnt er bedächtig und weit ausholend zu erklären, was ich längst weiß: wie klein und putzig Hutzliputzli ist, und dass er irgendwo hier im Wald in einem Knusperhäuschen wohnt. Weil mich das langweilt, finde ich es doppelt mühsam, neben Vater herzulaufen, der macht zu lange Schritte und geht zu schnell! Eine halbe Stunde schon sind wir zwischen Bäumen gewandert, und jetzt habe ich genug. „Wie weit noch?“, frage ich. „Zehn Bäume“, antwortet er. Ich beginne zu zählen, das kann ich, obwohl ich noch nicht zur Schule gehe. Beim zehnten Baum aber sind wir noch längst nicht am Ziel. Das gefällt mir gar nicht. „Noch zehn Bäume“, höre ich ihn sagen. Ich glaube ihm nicht und lasse das Zählen sein – und bin sehr müde, als wir endlich aus dem Wald kommen und die Eisdiele erreichen. Nicht, dass ich das Eis nicht will, das Vater mir kauft, aber schmecken tut es mir nicht. Immer noch bin ich ihm ein bisschen böse. Aber längst nicht so böse wie an dem Tag, als er mich unsanft von der Mauer holte, die unser Haus vom Haus des Nachbarn trennt. Ich war zehn damals und neugierig, und von der Mauer sah ich den Nierendorffs beim Frühstück im Garten zu. Herr Nierendorff, der das nicht mochte, stand auf, ging ins Haus und sagte Vater am Telefon, er solle mich gefälligst von der Mauer holen. Und Vater tat mehr. Er holte aus, um mich zu ohrfeigen, was noch nie geschehen war. Ich duckte mich und er traf die Mauer! Es musste ihm sehr weh getan haben. Wochenlang blieb der Mittelfinger seiner rechten Hand geschient – gebrochen oder verstaucht, er sagte es mir nicht. Vater litt, ich litt und war sicher, er würde mich nicht mehr haben wollen. Ich wagte nicht zu fragen, ob der Finger noch schmerzte und was eigentlich damit passiert war. Er schwieg und

schwieg und schwieg, und das war schlimmer, als eine Ohrfeige gewesen wäre – viel schlimmer! Am schlimmsten aber war dann die Trennung von ihm an jenem Novembertag in Duisburg. Das geschah vier Jahre nach dem Ärger mit den Nierendorffs. Ich war aus Düsseldorf, aus der jüdischen Schule heimgekehrt, wo nebenan die Synagoge brannte und die Massen „Juda verrecke!" johlten. Die Feuerwehr hatte nur zugesehen, dass die Nachbarhäuser von den Flammen verschont blieben – ich sah die Synagoge lodern und ich floh. Als ich, in Duisburg angekommen, die Prinz-Albrecht-Straße entlang zu unserem Haus rannte, sah ich, wie zwei Männer in Ledermänteln Vater die Treppe hinunter zu einem Mercedes führten. Sie stießen ihn in das Auto und warfen die Tür zu. Ich lief hin, so schnell ich konnte. Vater sah mich. Wir blickten uns an. Er hob die Hand, ich hob die Hand. Der Motor sprang an, zwei Räder streiften kurz den Bordstein, der Mercedes fuhr davon und trug meinen Vater weg … und er war ein sehr anderer, als er Wochen später wiederkam. Mir schien, er blicke durch mich hindurch.

Adele Bundschuh – Duisburg, 1930

Als man uns sagte, eine Frau Adele Bundschuh würde kommen und uns Märchen vortragen, ging ein Kichern durch die Klasse. Wir fanden den Namen komisch – bis wir die Frau sahen. Sie war zierlich und sah schön aus in ihrem blauen Samtkleid mit weißem Kragen. Ihr dunkelblonder Bubikopf und die dunklen Augenbrauen machten ihr Gesicht fast weiß. Sie sah uns lange an, lächelte und nahm dann das Buch zur Hand. Wir lauschten gebannt – will sagen, *ich* lauschte gebannt! Die Märchen vom tapferen Zinnsoldaten, vom hässlichen Entlein, dem Mädchen mit den Zündhölzern berührten mich, ich erlebte jeden Augenblick mit. Frau Bundschuh gab den Märchen etwas Wunderbares, etwas von sich selbst. In den Dezembertagen der folgenden Jahre erwartete ich sie sehnsüchtig – in meinem siebten Lebensjahr, dem achten, neunten und zehnten. Im zehnten, das war im Jahr 1934, kam sie nicht. Statt der Märchenstunde war in der Aula eine Feier angesetzt. Es tauchte ein Marineoffizier mit vielen Orden auf, der von einer Seeschlacht im Weltkrieg erzählte. In der Nordsee vor Jütland habe die deutsche Flotte die britische besiegt. „Heldenhaft, jawohl!" Das sollten wir nie vergessen, damit auch wir, wenn der Tag käme, fürs Vaterland, für Deutschland, zu kämpfen bereit seien. „Heil Hitler!" Am folgenden Tag, im Fröbelhaus, einem Spielzeugladen in Duisburg, erlebte ich, wie just, als ich eintrat, der Geschäftsführer unserer Märchenerzählerin einen Stuhl und eine Leselampe bereitstellte. Lange blickte ich sie an, bis endlich auch sie mich erkannte. Sie lächelte, wurde aber ernst, als ich sie fragte, warum sie nicht auch in die Volksschule gekommen sei. „Dorthin nicht mehr, mein Junge", sagte sie, „man will mich da nicht haben."

Schwester Hermine – Duisburg, 1931

Ging die Tür des Krankenzimmers auf, wo ich seit der Blinddarmoperation das Bett zu hüten hatte, hob ich gleich den Kopf. Wenn es Schwester Hermine war, stützte ich mich mit den Ellbogen auf, um sie im Blick zu behalten. Ich mochte sie, sie war mütterlich und liebevoll. Wegen ihr vermisste ich die eigene Mutter nicht allzu sehr. Wie sie mit mir redete und was sie alles erzählte – von ihren Schwestern und Brüdern, die alle jünger waren als sie und noch zu Hause lebten, vom Eisenbahner-Vater, der in seiner Freizeit Holzfiguren schnitzte, und von der Mutter, die so wunderbar kochte, und wie sonntags die gesamte Familie geschlossen zur Messe ging. Sie beschrieb den Kirchgang so, dass ich sah, wie sie sich bekreuzigten und ich sie beten und singen hörte. Ich stellte mir vor, wie sie sich nach der Messe daheim um den Mittagstisch versammelten und mochte nicht bloß Schwester Hermine, sondern bald schon die gesamte Familie in ihrem Haus in Bad Godesberg am Rhein. Gleich anfangs hatte Schwester Hermine nach meinem Zuhause gefragt, nach den Eltern und ob ich Geschwister habe, und hatte sich bestürzt gezeigt, dass ich ein Einzelkind war. Ob ich denn wenigstens ein Kätzchen habe oder Kaninchen oder einen Hund. Nein? Wie schade! Sie erzählte von ihren Kätzchen in Bad Godesberg, von Kaninchen und einem Dackel, der sich mit den Kaninchen und den Katzen vertrug. „Gut, dass die Geschwister sich um unsere Tiere kümmern, wo ich doch so selten nach Hause kann." Wie gern ich ihr zuhörte – ob froh, traurig oder wehmütig, alles was sie sagte, kam von Herzen. Es sorgte sie, dass ich zu Hause einsam war. Ich sagte ihr, auf dem freien Platz neben unserem Haus kämen immer die Jungs von der Straße zusammen, da hätte ich Spielkameraden genug. „Aber so ganz ohne Haustiere geht's auch nicht, oder?", erwiderte

sie. Dazu sagte ich nur, mein Onkel habe einen Schäferhund namens Zito, mit dem dürfe ich manchmal spielen. „Der ist zahm und lässt sich zausen." Schwester Hermine war's zufrieden. „Nun aber genug geschwätzt, ich hab zu tun." Sie machte Ordnung im Krankenzimmer, wusch mir Gesicht und Hals mit einem feuchten Lappen, schüttelte mein Kissen auf, stellte Limonade auf den Nachttisch und verschwand. Als sie sich am nächsten Abend bis zum Morgen verabschiedete, machte sie einen Vorschlag: „Wenn du wieder laufen darfst, verschaffe ich dir ein paar Tierchen zum Spielen. Wie wäre das?" „Hier im Krankenhaus?" „Ja, hier." „Wäre gut", sagte ich. Und sie hielt Wort. Als ich endlich aufstehen durfte, schlurfte ich im Bademantel und in Pantoffeln neben Schwester Hermine die vielen Stufen hinunter in den Keller. Was ich da sah, erstaunte mich mächtig: Meerschweinchen, die in kleinen Gehegen hin und her wetzten, sich auf Holzrädchen tummelten, in Kistchen verschwanden und wieder zum Vorschein kamen, kurzum – ein Gewimmel! Allein das Zugucken machte Spaß und sie zu streicheln und in die Hand zu nehmen. Nachmittag für Nachmittag ging ich zu den Meerschweinchen, bis Schwester Hermine mich holte: „Schluss, kleiner Mann, und ab in die Federn!"

Albert Katzenstein – **Düsseldorf, 1932**

Ich war acht Jahre alt und zu Besuch bei Tante Erna in Düsseldorf an einem Samstag im Mai, als Onkel Albert völlig unerwartet in die Wohnung zurückkam – verstört und außer sich. Er warf seinen Hut auf den Kleiderhaken in der Diele, lockerte Schlips und Kragen, ging in sein Arbeitszimmer und schlug die Tür hinter sich zu. Tante Erna schien Bescheid zu wissen, sie seufzte. „Geh ins Wohnzimmer, Junge", sagte sie zu mir. Drinnen hörte ich sie an die Tür klopfen, hinter der Onkel Albert verschwunden war. Nichts rührte sich. Sie klopfte wieder, dann ging auch sie ins Arbeitszimmer. Ich hielt den Atem an und lauschte. „Viel", hörte ich ihn durch die Wand sagen, „zu viel." Ich ahnte, wovon die Rede war. Ich hatte die Eltern von Onkel Alberts Wettsucht sprechen hören, von den Unsummen, die er bei Pferderennen gewonnen und verloren habe – meist verloren, wie Vater sagte. Er sagte noch anderes, das ich sehr wohl begriff, sprach von Schuldenbergen, von Wettschulden und davon, wie Onkel Albert über Jahre die Geschäfte des Warenhauses vernachlässigt und damit den Ruin der Gebrüder Hartoch heraufbeschworen hatte, der nun nicht mehr abzuwenden sei. Das Wort Konkurs fiel, von dem ich die Bedeutung nur ahnte. Und heute, das wusste ich, waren wieder Pferderennen am Düsseldorfer Grafenberg angesagt gewesen – und die frühe Rückkehr von Onkel Albert bedeutete Unheil. *Unsummen, er wird Unsummen verloren haben*. Wirklich bestimmen konnte ich solche Summen nicht – jedenfalls viel, viel Geld! Tante Erna weinte, als sie zu mir ins Wohnzimmer kam. Sie tupfte sich die Wangen mit einem Spitzentüchlein trocken. „Weißt du was?", sagte sie zu mir. „Ich setze dich jetzt in die Straßenbahn und du fährst wieder nach Hause." Das war mir recht. „Gut", sagte ich, „wie du willst." „Nicht, wie ich will",

sagte sie, „wie's die Umstände wollen – Onkel Albert braucht seine Ruhe." „Ja, ja", sagte ich, weil ich überhaupt nicht zu Besuch hatte kommen wollen, und nun wurde ich abgeschoben. „Sei nicht bockig", erwiderte Tante Erna. „Onkel Albert vertut Unsummen und *ich* bin bockig", antwortete ich. „Wie du redest", sagte Tante Erna. „Wie Papa redet", sagte ich. Da ging die Tür auf. Onkel Albert stand im Rahmen, mit zerzaustem Haar und bösem Blick. „Raus", befahl er mir. „Verschwinde nach Hause." Tante Erna fiel ihm ins Wort. „So springst du mit dem Jungen nicht um. Er geht ja schon." „Dann geh", schrie Onkel Albert, „und deinem Vater kannst du sagen, sein Rechtsbeistand war für die Katz – hat das Warenhaus nicht retten können. Und jetzt geh!" Ich wandte mich an Tante Erna: „Brauchst mich nicht zur Straßenbahn zu bringen." Und schon war ich bei der Wohnungstür und zur Straße hinaus. Die Sonne schien und es war warm. Doch mir war kalt.

Herr Brennabor – Duisburg, 1934

Der Besitzer des Fahrradladens trat auf die Straße, Lederschürze vor dem Bauch, die Hände ölig vom Reparieren in der Werkstatt. Genüsslich steckte er sich eine Zigarette an. Dabei entdeckte er mich. „Nun, kleiner Mann", rief er, „wieder mal da?" Sich erinnernd, wie ich ihn einmal „Herr Brennabor" genannt hatte, lachte er. Den Markennamen trug ein Fahrrad, das im Lampenlicht an einem Haken im Schaufenster hing und in allen Chromteilen glänzte – ein prächtiges Sonderangebot für 42 Reichsmark und 25 Pfennig. Auch heute wieder hatte ich mir wegen des Rades die Nase an der Schaufensterscheibe platt gedrückt. Kaum zu glauben, dass es noch zu haben war – bei dem wohl günstigen Preis, der aber in meinen Augen eine ungeheure Summe darstellte. „Herr Brennabor", sagte ich, „würden Sie eine Anzahlung nehmen?" „Lustig, dass du mich wieder Herr Brennabor nennst", sagte er. „Würde ein Krösus sein mit sauberen Händen, wenn ich so hieße." „Ich hab mein Sparschwein leer gemacht", sagte ich, „elf Mark zwanzig – ob Sie die nehmen?" „Wie lange?", fragte er. „Weiß nicht", sagte ich. „Ich könnte Flaschen sammeln, Botengänge tun. Irgendwann hätte ich dann das Geld – ein so schönes Fahrrad!" „Weil's ein Brennabor ist", sagte er, „kommt Anzahlung nicht in Frage. Alles oder nichts." Er sah mich an, warf seinen Zigarettenstummel in den Rinnstein. „Aber weil du's bist", sagte er, „nehme ich das Rad drei Tage lang vom Haken, dass es dir keiner wegkauft. Ist das kein Angebot?" „Heute ist Dienstag", sagte ich. „Bis Donnerstag schaff ich das nie." „Schade", sagte er. Er überlegte, wir überlegten beide. „Ich erzähl dir mal was", fuhr er fort, „einen Herrn Brennabor oder eine Familie Brennabor gibt es gar nicht – das ist bloß ein Markenname. Und angefangen hat die Firma als kleine Korbmacherei. Die

machen längst keine Körbe mehr, machen jetzt Fahrräder und sogar Autos." „Warum erzählen Sie mir das?", fragte ich. „Weil aus kleinem Anfang auch Großes werden kann – wer weiß, wozu du es mit deinem Sparschwein noch bringst." „Versteh ich nicht", sagte ich und bewunderte wieder das Fahrrad am Haken. „Die Jungs in meiner Straße haben alle Fahrräder. Auch die, die erst so alt sind wie ich." „Dann wird's wohl eine reiche Straße sein", sagte der Mann. Ich nickte. „Vielleicht überlege ich mir das mit der Anzahlung", meinte er plötzlich, „hast du das Geld dabei?" „Hab ich", rief ich schnell und klaubte die Münzen aus der Tasche, zwei Hände voll. „Komm rein", sagte er. Ich folgte ihm in den Laden und ließ die Münzen auf die Theke rollen. Der Mann zählte nach, stellte mir eine Quittung aus und dann – nahm er das Fahrrad aus dem Fenster. Das machte mich so froh, als wäre es schon meins gewesen.

Hans Schellenberg – Duisburg, 1936

Seit die Brüder Schellenberg in der Hitlerjugend waren, mied mich der jüngere der beiden, Hans, der ältere, blieb wie er war. Mehr noch – neuerdings suchte er meine Nähe, erkundigte sich, wie es mir ging und wie ich in der Schule zurechtkam. Und weil es bei mir in Mathematik arg haperte, half er mir: „Ist doch alles ganz einfach, ganz logisch." Für ihn vielleicht. Für mich nicht. Ich war damals zwölf, war Quintaner, und er als Fünfzehnjähriger besuchte die Tertia. Er war sportlich, spielte Tennis und Hockey, hielt sehr auf sein Äußeres und sah gut aus. Besonders beeindruckte er mich durch seine Streifzüge in Wald und Feld: Hans fotografierte. Sein Vater, ein Stahlwerksbesitzer, hatte ihn fabelhaft ausgerüstet, und er, der Sohn, hatte ihm schnell bewiesen, dass das kein Fehler war. Er bewies das auch mir, als er mich einmal zum Dachboden der Schellenberg-Villa mitnahm, wo er sich eine Dunkelkammer eingerichtet und auf einem langen Holztisch Fotos ausgelegt hatte: Bienen auf blühenden Rheinwiesen, Wasservögel auf dem Fluss, Nester mit Jungvögeln, die von den Eltern geatzt werden. Und Tiere des Waldes – Eichhörnchen, Hasen und viel Schwarzwild, auch eine Bache, die auf einer Waldlichtung lauert, dann in einen Teich taucht, und flüchtende Frischlinge. Ein Dutzend Rehe in hohem Gras hatte er im Bild und einen mächtigen Hirsch im Sonnenblumenfeld. Ich staunte und bewunderte, was ich sah, und konnte Hans nur zustimmen, als er sagte: „Schießen kann jeder – aber solche Bilder, ganz nah …" Er fügte nichts weiter hinzu, ich verstand, warum er sich der Hitlerjugend entzogen, er nichts übrig hatte für ihre Geländeübungen und Wehrsportspiele. „Das ist mehr was für meinen Bruder. Ich halt mich da raus." „Du und wer noch?", sagte ich und meinte mich. „Das ist was anderes", erwiderte er. „Du

bist Jude." Was unbestritten war. Dass Hans im Krieg, der im neununddreißiger Jahr ausbrach, in einem Strafbataillon elendiglich zugrunde ging, erfuhr ich erst sechzehn Jahre später, nach meiner Rückkehr aus Australien. Ich betrachtete es als unvermeidlich für einen, der niemals schießen wollte.

Helmut Gießens – Duisburg, 1936

Direktorat Dr. Dr. Helmut Gießens stand an der Tür, an die mein Vater klopfte – einen Titel wie diesen hatte man ihm längst abgesprochen. Mein Vater galt nicht mehr als Rechtsanwalt noch als Notar, als „Konsulent" war er nur für Juden zuständig. Er war ein gedemütigter Mann. Dr. Dr. Gießens, grauhaarig, streng und autoritär, saß aufrecht hinterm Schreibtisch und ließ Vater die Demütigung nicht spüren. Höflich bat er ihn – wie auch mich –, Platz zu nehmen, und kam gleich zur Sache. Warum wir hergebeten worden seien, wüssten wir, er selbst bedauere die Notwendigkeit, habe aber angesichts „der Obstination Ihres Sohnes" keine andere Wahl gehabt. Ob mein Vater eine Erklärung für diese „Obstination" habe? Vater schwieg, ich schwieg gleichfalls, da mir das Wort fremd war – und erst, als es mir erklärte wurde, öffnete ich den Mund. „Ich war nicht aufsässig, Dr. Gießens, ich fühlte mich zurückgesetzt." „Sieh einer an", entgegnete Dr. Gießens, „so zurückgesetzt, dass du", er blätterte in einer Kladde, „... geschlagene sieben Mal dem Schulunterricht ferngeblieben bist. Sieben Mal! Den Grund dafür wüsste ich gern." Ich schaute Vater an, der nickte mir zu, und ich sagte: „Studienrat Walzers Rassenkunde." „Von der du befreit bist, wie alle anderen jüdischen Schüler. Das erklärt nicht, warum du dich den Rest des Tages davonmachtest", sagte der Direktor. „Gewissermaßen doch", widersprach mein Vater, was Dr. Gießens bemerken ließ: „Gewissermaßen – eine ungenaue Vokabel. Sie als Anwalt ..." „Der ich nicht mehr bin", korrigierte ihn mein Vater. Dr. Gießens wiegte bedauernd den Kopf. „Eben", sagte er, „und wie weiter – wie stellen Sie sich das vor?" „Ich stelle mir vor, dass mein Sohn weiterhin so handeln wird." „Genau so?", fragte der Direktor. „Sicher", erwiderte mein Vater. „Man schickt den Jungen aus der Klasse,

und er bleibt weg." „Bleibt weg", wiederholte Dr. Gießens. „Vermutlich", sagte mein Vater, worauf der Direktor auch diese Vokabel als ungenau beanstandete. „Tut mir leid", sprach nun mein Vater. „Und mir, unter uns gesagt, tut die ganze Sache leid", bemerkte Dr. Gießens. „Doch kann ich deshalb die Rassenkunde verbieten? Sie steht auf dem Lehrplan." Er sah wieder mich an. „Steht unumstößlich auf dem Lehrplan, mein Junge", betonte er. Ich presste die Lippen zusammen. „Und mir macht's zu schaffen", rief ich schließlich. Mein Vater schwieg und blickte durchs Fenster in den Park. Auch ich starrte dort hin, ich dachte an die Freiheit draußen und wie ich während jeder Stunde Rassenkunde zum Hafen gelaufen war und dem Treiben dort zugesehen hatte – Seeleute, Schauermänner, Kranführer. Und dann durchbrach Dr. Gießens das Schweigen: „Übrigens halte ich das mit der Rassenkunde für eine Schande", hörte ich ihn sagen. „Und es kommt auch wieder anders."

Sigurd Troll – Duisburg, 1937

Ihm gefiel es, „Turnvater Troll" genannt zu werden, nach Turnvater Jahn, dessen Ermunterung *frisch, fromm, fröhlich, frei* wir beim Geräteturnen immer wieder zu hören bekamen. Viel wussten wir nicht damit anzufangen, aber die vier F blieben haften und spornten uns an. Wir übten am Barren, am Reck, an den Stangen und auf dem Pferd, doch wirklich mochten wir die Waldläufe, die Turnvater Troll mit uns anstellte – sie befreiten uns von der Turnhalle und schickten uns in Richtung *fröhlich und frei*. Was ich an den Geräten verfehlte, machte ich wett bei den Waldläufen, und ich lag auch als Sprinter vorn, erzielte so gute Zeiten über achtzig und hundert Meter, dass sich Turnvater Troll empörte, als mich ein als Sportlehrer hospitierender HJ-Führer aus der Reihe holte und Karl Jülchen gleich mit. „Die beiden Judenjungen lassen wir mal außen vor", meinte er zu Turnlehrer Troll, „die brauchen sich nicht zu ertüchtigen. Die kommen sowieso nie ran." Gegen die Aussonderung von Karl Jülchen hatte Troll nichts einzuwenden – Karl war wenig sportlich. Mich aber wollte er für die Sprintstaffel retten. „Wenn Sie meinen", sagte der HJ-Führer. „Dann lassen Sie ihn erst mal zeigen, was er am Reck und am Barren bringt." Ich brachte nicht viel, meine Leistungen blieben mäßig, waren unterdurchschnittlich, was meinen Ausschluss aus der Sprintstaffel besiegelte. Turnvater Troll zeigte sich anderer Meinung. „Wer bei Waldläufen vorne liegt und auch sprinten kann, der schafft es schließendlich auch an den Geräten – punkt!", sagte er. „Punkt gar nichts", antwortete der HJ-Führer, „Jud bleibt Jud – da beißt die Maus keinen Faden ab." Ich begriff nicht, was das mit der Maus heißen sollte – hatte mich aber längst damit abgefunden, ausgesondert zu bleiben. Karl Jülchen flüsterte mir zu: „Lass uns verschwinden." Ich nickte. Und

dann geschah es: Turnvater Troll stellte sich vor den um zwei Köpfe größeren HJ-Führer, blickte zu ihm hoch und sagte: „Noch bin ich hier der Turnlehrer und nicht Sie.“ Der HJ-Führer blickte verdutzt. „Fragt sich nur, wie lange noch.“ „Ach ja?“, sagte Turnvater Troll, aschfahl im Gesicht. Er rieb sich den kahlen Schädel, straffte sich und sagte: „Zwanzig treue Jahre in der Turnbewegung wird man zu schätzen wissen, verlassen Sie sich drauf.“ „Man wird sehen“, sagte der HJ-Führer, drehte sich weg und ging. Ich blieb in der Sprintstaffel. Wie lange das Gymnasium Turnlehrer Sigurd Troll noch halten konnte, weiß ich nicht. Denn 1937 war auch das Jahr, an dem Karl Jülchen und ich die deutsche Schule verlassen mussten. Ich wechselte zur jüdischen Schule in Düsseldorf und Karl Jülchen emigrierte mit seinen Eltern nach Südamerika.

Rabbi Neumark – Duisburg, 1937

Im zweiundvierziger Jahr wurde der Duisburger Rabbiner Menasse Neumark nach Theresienstadt verschleppt, dort verläuft sich seine Spur – man trieb ihn in den Tod … Väterlich war er zu mir, sanft – nachsichtig wäre das bessere Wort. Denn zumeist mied ich die Synagoge, nahm keine der religiösen Rituale an. Zwar lernte ich die hebräischen Buchstaben, doch die Worte, die sich daraus bilden ließen, vergaß ich schnell: Die Sprache blieb mir fremd. Die Belehrungen des Rabbiners nahm ich nur so weit an, dass es für meine Bar-Mizwa reichen würde. Im Grunde hätte mich er mich aufgeben müssen – er tat es nicht. Meines Vaters wegen, der Vorstand der jüdischen Gemeinde war? Jedenfalls entzog er sich mir nicht, er blieb wohlwollend. Rückblickend scheint mir, dass er sich wie ein Vater zum missratenen Sohn verhielt. „Junge“, fragte er leise, „was macht dich so störrisch?“ Ich wusste keine Antwort. War ich störrisch? Nicht zu ihm, bildete ich mir ein, ich mochte ihn doch, kam zu seinem Unterricht, nur um ihn nicht zu kränken. Die Stunden aber dehnten sich, sie schienen mir unermesslich lang, stets sehnte ich mich ins Freie und – ich überwand mich! Am Tag meiner Bar-Mizwa, aufgerufen den Abschnitt aus der Thora vorzutragen, den Rabbiner Neumark mir mühevoll nahegebracht hatte, stand ich an der Stirnseite der Synagoge vor der aufgerollten Pergamentrolle und sang mit klarer Stimme Worte, die ich nie begriffen hatte, nie hatte begreifen wollen – sang sie fehlerfrei für Rabbiner Neumark und war froh, dass mir das gelang, froh auch, dass ich den Vater nicht beschämte, der gleich hinter mir in der ersten Reihe stand. Mein Vorsingen klang über die Köpfe der Gemeinde hinweg, hoch zu den Frauen auf der Balustrade, hoch zur Mutter. Ich sang, um zu bestehen, ja, auch das, aber im Grunde sang ich nur für den Rabbiner von Duisburg, den sanften, den gütigen, den bärtigen Menasse Neumark …

Jeanette Kaufmann – Duisburg, 1938

Als ich vierzehn war, schien mir das Märchenschloss am Kaiserberg, das der Onkel, dem ein Bankhaus gehörte, sich in den Zwanzigerjahren hatte bauen lassen, einfach nur ein Wohnhaus zu sein, ein prächtiges zwar, und für viele ein Neidobjekt. Ich hatte erlebt, wie eine Horde Nazis den Onkel verfolgt und vor dem Haus zu Boden geschlagen hatte. Und Tante Jeanette, die hier vornehm mit zwei Hausangestellten und einem Gärtner regiert hatte, war längst ohne Personal. Seitdem bewunderte ich sie, die unvermindert schön geblieben war, unvermindert elegant, und die sich als über die Maßen tüchtig erwiesen hatte: Das Kaufmannsche Haus am Kaiserberg behielt seinen Glanz, die Ordnung blieb gewahrt: Tante Jeanette war sich nicht zu schade, Staub zu saugen, sie putzte, sie kaufte ein, sie kochte. Und da ihre Kinder verstreut waren – Arnold in Palästina, Edgar in Amerika, Nora in England –, hatte sie sämtliche Aufgaben allein zu bewältigen. Sie klagte nie, das Haus verwahrloste nie, auch der Garten nicht, erspart blieb ihr nur die Pflege ihres Schäferhundes Zito, den hatte die Gestapo beschlagnahmt, jedoch hätte sie selbst noch die Hundepflege bewältigt. Zito fehlte ihr, mir auch. Nach der Auswanderung meiner beiden Vettern hatte ich gehofft, Zitos Herrchen zu werden. Vorbei auch das! Ein kleiner Trost war Tante Jeanette, dass ihr der Graham-Paige geblieben war, nach wie vor fuhr sie das schnittige Cabriolet, wann sie wollte. „Wir machen einen Ausflug“, schlug sie mir eines Tages vor. Freudig stimmte ich zu, und dann fuhren entlang der Ruhr und des Rheins in den strahlenden Sommertag. Wohin wir fuhren, war mir egal, allein die Abwechslung reichte. Wir fuhren mit offenem Verdeck unter strahlend blauem Himmel, der Wind griff in mein Haar, pfiff mir um die Ohren, und ich bewunderte Tante Jeanette. Wie fehlerfrei, wie locker

sie fuhr. Sie sagte nichts, sie schwieg so lange, dass mir allmählich die Ahnung kam, dies müsse ein sehr besonderer Ausflug sein. Und so war es – es sollte unser letzter sein. Der Wagen sei verkauft, sagte sie, ab morgen würde er in fremde Hände wechseln. „Ist auch euer Haus verkauft?“, fragte ich. „Auch das“, sagte Tante Jeanette. Und wieder schwieg sie. „Wandert ihr aus?“, wollte ich wissen. Sie nickte. „Zu Arnold“, sagte sie. Das brachte mich zum Schweigen. Der Ausflug war zu einer Art Trauerfahrt geworden. „Tante Jeanette“, sagte ich schließlich, „ich wäre auch lieber in Palästina.“ „Kann ich dir nachfühlen“, antwortete sie. „Ich versteh deinen Vater nicht.“ Ich begriff, wie sie das meinte. „Aber ihr seid doch auch noch hier“, sagte ich und dachte daran, wie die Nazis den Onkel bis hin zum Haus am Kaiserberg gejagt hatten. Vier Jahre lag das zurück. „Ich verstehe nicht, dass ihr geblieben seid“, sagte ich, „Arnold weg, Edgar weg, Nora weg.“ Abrupt bremste Tante Jeanette und lenkte den Wagen in eine Parklücke am Rheinufer. „Du“, sagte sie, „dafür gibt es Gründe, auf die ich nicht eingehen will. Aber dass *du* noch in diesem verruchten Deutschland bist, dafür gibt es nicht einen einzigen Grund.“ „Dann rede mit meinen Eltern“, sagte ich. „Habe ich, haben wir längst, dein Onkel und ich.“ „Und?“ „Sie werden dich gehen lassen“, sagte sie, „früher oder später!“ „Was heißt das?“ Tante Jeanette ließ den Motor an, setzte wieder aus der Parklücke. „Dies ist nicht mehr mein Auto, unser Haus ist nicht mehr unser Haus, und euer Haus geht auch in fremde Hände …“ Sie hielt inne und blickte zurück auf den Fluss, „und der Rhein da ist nicht mehr unser Rhein“, fügte sie bitter hinzu. „Also?“ „Was also?“, fragte ich. „Also haben wir keine Wahl“, sagte Tante Jeanette.

Johanna Kaufmann – Duisburg, 1938

Nie war ich meiner Mutter so nah, waren wir uns beide so nah, wie in dem Augenblick, als sie zu mir hoch rief: „Komm vom Dach, ich flehe dich an! Komm vom Dach runter." Ich aber ließ nicht davon ab, auf dem Sims zu balancieren, gefährlich nah am Rand, hoch über der Straße, und rief laut zurück: „Liebst du mich. Sag, dass du mich liebst!" Sie rief: „Ich liebe dich. Bitte, komm vom Dach." Ich hangelte mich bis zu einem der Haken zwischen den Ziegeln, hielt mich daran fest, erreichte so das Oberlicht, durch das ich aufs Dach gelangt war, und ließ mich zurück auf den Dachboden fallen. Unten im Haus stieß ich auf meine Mutter, die verstört im Korbsessel der Diele saß. „Warum tust du mir das an", hauchte sie, „warum bloß tust du mir das an?" „Weil ich will, dass du mich lieb hast." „Aber das habe ich doch, das habe ich doch", beteuerte sie, was ich für diesen Augenblick, und nur für diesen einen, auch glauben wollte. Kurze Zeit später war es wieder anders, zweifelte ich erneut an ihrer Liebe. Und das ging so bis in den November achtunddreißig, als Mutter und ich im Keller unseres Hauses hockten, wohin uns die SS-Männer getrieben hatten. Über uns hörten wir das Stampfen von Stiefeln, das Splittern von Holz, das Klirren von Glas. Ich versuchte mich von Mutter loszureißen, um herauszubekommen, was da passierte, doch sie hielt mich so fest wie nie zuvor. „Geh nicht hoch! Bleib hier, bleib hier bei mir!", flehte sie, und ich blieb, bis das Stampfen der Stiefel verebbt und kein Laut mehr zu hören war. „Sie sind fort, Mutter, fort". Sie aber ließ mich lange nicht los. „Du bist alles, was ich habe, alles was mir geblieben ist." Sie erschrak vor den eigenen Worten, aber es war, wie sie es empfand, wie sie es empfinden musste. Nur Stunden zuvor hatte die Gestapo den Vater verhaftet – und noch am gleichen Tag, am Tag der Pogrome, verließen Mutter

und ich das verwüstete Haus, fuhren zum Polizeipräsidium und eilten durch kahle Korridore von Zimmer zu Zimmer, um zu erfahren, wohin der Vater gebracht worden war. In jenen Minuten voller Angst und Verzweiflung war ich wirklich alles, was der Mutter geblieben zu sein schien, war ich ihr geliebter Sohn. Und nur wenige Wochen später fügte ich der Mutter den Schmerz ihres Lebens zu. Das war auf Gleis 13 des Duisburger Hauptbahnhofs, wo ich, vierzehnjährig, den Zug bestieg, der mich und etliche Hundert weitere Flüchtlingskinder nach Holland bringen sollte, von wo wir hofften, nach England zu gelangen. „Mutter", sagte ich, sagte es aus einer Ahnung heraus, die mir durch eine unbedachte Bemerkung unserer einstigen Hausangestellten gekommen war, „sei nicht traurig. Ich bin doch gar nicht dein Kind. Drum sei nicht traurig, bitte, Mutti!" Sie wurde blass, sie verstummte, sie erstarrte. Ich lehnte aus dem Abteilfenster, „Mutter, so hör doch", rief ich. Sie hörte mich nicht. Der Zug ruckte an, fuhr ab, lange noch sah ich sie zwischen den anderen Müttern auf dem Bahnsteig, ihr bleiches Gesicht, ihr schwarzes Haar, und dann verlor ich sie im Rauch der Lokomotive aus den Augen …

England

Hugo Daniels – London, 1939

Rings um mich her schnarchten die Männer. Ich wälzte mich auf der Pritsche, schlaflos im Schlafsaal des Obdachlosenasyls. Mütze, Mantel und Schuhe hatte ich anbehalten, meinen Koffer dicht hinterm Kopf verstaut und wollte nicht begreifen, dass keiner gekommen war, um mich vom Bahnhof abzuholen. Nicht eines der Kinder, die mit mir auf Transport gewesen waren, war zurückgeblieben, alle waren sie längst in der Obhut von Verwandten oder englischen Pflegeeltern. Nur ich hatte ausharren müssen, vier geschlagene Stunden, bis ein Mann von der Bahnhofsmission sich meiner annahm, die Telefonnummer eines Hugo Daniels herausfand, dort anrief und mich, als niemand antwortete, mit einem Doppeldeckerbus nach East London ins Asyl brachte. Dort, so erklärte er mir in simplem Englisch, sollte ich die Nacht verbringen – anderntags würde man weitersehen. Im Morgengrauen saß ich aufrecht auf der Pritsche, nippte an einem Blechbecher mit Tee und grübelte. Das Warten dehnte sich endlos. Schließlich hörte ich den Wachmann etwas rufen, das wie mein Name klang: „Koofmen!" In der Tür zum Schlafsaal stand ein hochgewachsener Herr in dunklem Mantel, steifem Hut und mit einem Schirm überm Arm. Ich lief zu ihm hin. „Da bist du endlich", sagte er in seltsam klingendem Deutsch. Wer? Ich? Das traf doch wohl eher auf ihn zu. Seine Erklärung, ihm sei gesagt worden, ich sei erst heute zu erwarten, wollte ich nicht glauben – waren doch all die anderen Kinder pünktlich abgeholt worden! Er musste mich einfach vergessen haben. Es täte ihm leid, sagte er jetzt, doch was nicht zu ändern sei, sei nicht zu ändern. Ich blieb stumm. Dankbar sein, dankbar sein, war mir von den Eltern aufgetragen worden. So nahm ich also meinen Koffer und folgte dem Herrn Daniels zum Taxi, das vor dem Asyl parkte. Lange fuhren wir durch den

Londoner Nebel, bis wir zu einem prächtigen Gebäude gegenüber einem Park gelangten. Ein Aufzug trug uns zu einer geräumigen Wohnung mit antiken Möbeln, Kupferstichen an den Wänden und Gemälden von Seelandschaften mit Schiffen – wohl *seine* Schiffe, denn Hugo Daniels war Reeder, wie mein Vater mir erklärt hatte, ein reicher Schiffseigner, der in England für mich sorgen würde. Ein Diener nahm mir Mütze und Mantel ab, auch den Koffer, und zeigte mir die kleine Toilette neben dem Wohnungseingang, wo ich mir Gesicht und Hände waschen konnte. Dann brachte er mich in einen Raum, in dem zum Frühstück gedeckt war. Herrn Daniels, der schon da war, Onkel Hugo zu nennen, wollte mir nicht über die Lippen, bislang war auch keine Rede davon gewesen. Er wirkte streng, wie er dasaß, das grau melierte Haar korrekt gescheitelt, die Wangen sorgfältig rasiert, der Mund schmal wie ein Riss im Blech. Er fragte nicht nach meinem Vater, nicht nach der Mutter, nicht nach unserem Leben in Deutschland, auch nicht nach meiner Reise. Doch merkte er, dass ich wohl müde war nach der Nacht im Asyl. Es tue ihm leid, dass es so gekommen sei, sagte er noch einmal, doch was nicht zu ändern sei, sei nicht zu ändern. Und ob mir heute noch eine Reise zuzumuten wäre, die verglichen mit der anderen ein Katzensprung sei. „Noch heute?", fragte ich. Er nickte. Ich nickte auch – und dachte wieder ans Dankbarsein. Dem lautlos eingetretenen Diener gab er Anweisung, mir das Sofa im Arbeitszimmer zu zeigen, wo ich mich ausruhen könne. Der Diener verbeugte sich beflissen. Als ich aufstand, zog er sanft meinen Stuhl nach hinten. Herr Daniels hob leicht die Hand und sagte, dass um 12 Uhr 43 ein Personenzug nach Kent fahre. „My man Wilmers wird dich zum Bahnsteig bringen und gegen drei wirst du in Faversham abgeholt – darauf mein Wort!" Er lächelte. Von Faversham sei es nicht weit zum Internat, fügte er noch hinzu. Ehe ich

dem Diener folgte, winkte er mich noch einmal zu sich. „Und dies zur Zerstreuung auf dem Weg“, sagte er und gab mir eine Zeitschrift mit dem Titel *World Wide Magazine*. Ich sagte nicht, dass ich die kaum lesen könne, weil mein Englisch dafür nicht reichte. Stattdessen bedankte ich mich, auch für die fünf Schillinge, die er mir in eine lederne Börse zählte. „All the best, my boy“, sagte er, „pot luck!“ Und damit überließ er mich dem Diener. Seitdem sollte ich ihm nur noch ein Mal begegnen, im Internat, dem er bei Kriegsbeginn einen Besuch abstattete, wohl auch, um mir mitzuteilen, dass er für meine Eltern nun nichts mehr tun könne – was sich nicht zu ändern sei, sei nicht zu ändern …

Anna Essinger – Faversham, 1940

Seit ich achtzehn Monate zuvor im Internat aufgenommen worden war, hatte die Direktorin nicht ein einziges persönliches Wort an mich gerichtet. Für mich blieb sie die Unnahbare, und nie habe ich erlebt, dass irgendwer sie mit dem unter uns Schülern gängigen TA ansprach, was für Tante Anna stand. Ich respektierte sie, mochte sie aber weit weniger als die anderen für uns zuständigen Erwachsenen, Alex Wormleighton zum Beispiel, den Englischlehrer, oder András Varga, der Mathematik unterrichtete, oder Ullrich Meyer, unseren Sportlehrer. Nicht ein einziges Mal war ich in TAs Allerheiligstem, ihren Privaträumen im zweiten Stock des Herrenhauses. Ich wollte auch nie dorthin, mir reichte es, dass ich sie hin und wieder von oben mit gellender Stimme in den Park rufen hörte: „English Walter Kaufmann, please!“ TA trug eine Brille mit Linsen, dick wie Flaschenglas, sie war kurzsichtig wie eine Eule (sind Eulen das?), dabei äußerst hellhörig. Rufend, mich ermahnend, Englisch und nur Englisch zu sprechen, lehnte sie im offenen Fenster, korpulent, vollbusig, ihr Gesicht umrahmt von schütterem, grau meliertem Haar: die Direktorin. Und natürlich gehorchte ich jedes Mal prompt, wechselte vom Deutschen ins Englische – oder hielt den Mund. Je besser mein Englisch wurde, umso seltener kamen TAs Ermahnungen – sodass ich an diesem Sommertag im zweiten Kriegsjahr keinen Schimmer hatte, warum sie meinen Namen rief: „Walter Kaufmann, please!“ Ich war allein im Park und hatte mit keinem geredet. Zu TA hochblickend, sah ich sie winken. Ich ging ins Herrenhaus, stieg die Treppe hoch zum zweiten Stock und klopfte an die Tür des Allerheiligsten. „Come in!“ Ich trat ein. TA thronte hinterm Schreibtisch, der wie ein Halbmond geformt war, und auf den antiken Stühlen zu ihren Seiten saßen zwei mir fremde Männer.

Steif und aufrecht saßen sie da, beide in zu engen Anzügen und Hemden mit blauen Schlipsen. Ihre Hüte hielten sie auf den Knien, und sie schwiegen auch, nachdem TA mir erklärt hatte, die Männer seien gekommen, um mich abzuholen. Abzuholen! Ich blickte sie an. Sie nickten. „Take me away! Where to? Why?“, fragte ich. Sie antworteten nicht. Nur einer sagte schließlich: „Sorry, my boy. What has to be, has to be“. Ich sah mich um, als enthielten die Bücher auf den Regalen die Erklärung für meine Lage, als könnten die Kupferstiche Antwort geben, die Kerzen in den Kerzenhaltern Licht ins Dunkel bringen. TA verharrte breit und reglos im Schreibtischsessel, sie schaute ernst, dabei nicht unfreundlich, und dann wiederholte sie, was einer der Männer gesagt hatte: „What has to be, has to be.“ Sie sprach von Regierungsanweisungen und bat mich im Boys House für nur ein paar Tage, „just a few days“, meine Sachen zu packen. Das Warum und Wohin erklärte sie nicht – aber leid täte es ihr, so wie das Ganze auch den beiden Männer leid täte. Ich schluckte, kämpfte mit den Tränen, fragte, ob das alles wirklich dringlich sei, so Hals über Kopf. „Leider“, sagte TA, „leider, leider …“ Sie hatte ins Deutsche gewechselt, was mich wunderte, und ich sagte nichts. Kurze Zeit später fand ich mich mit gepackter Tragetasche an der Auffahrt zum Herrenhaus ein, wo ein schwarzer Bentley parkte. Vorn auf dem Beifahrersitz saß schon Hans, der Gärtner, er bebte vor Zorn und rief etwas von Antifaschisten zu internieren und dass das eine Schande sei, „a shame, yes, a bloody shame!“, und ich, der noch immer keine Erklärung dafür hatte, warum man mich abgeholt hatte, stieg traurig, dabei nicht ohne die Hoffnung ins Auto, dass sich schon alles regeln und ich bald wieder zurück sein würde. TA hat's versprochen, sagte ich mir, sie hat es versprochen!

András Varga – Faversham, 1940

„Junge, lieber Junge", sagte er, „warum begreifst du das nicht? Ist doch alles ganz logisch – ganz einfach!" Für ihn, dachte ich, nicht für mich. Dabei mochte ich unseren Mathematiklehrer sehr, bewunderte ihn derart, dass ich es mir nicht anmaßte, ihn Andy zu nennen wie manch anderer Schüler im Internat. Sein Name war András Varga, er war jung, war mit zwanzig aus Ungarn nach England gekommen, und dass er von dort stammte, hörte man ihm an: Sowohl sein Englisch als auch sein Deutsch waren stark gefärbt, alles klang irgendwie anheimelnd, gemütlich gar und sehr, sehr fremd. Ganz sicherlich schwänzte ich seinen Mathematikunterricht nicht aus Bosheit, sondern weil ich so gut wie gar nichts begriff – all dieses Dividieren, Multiplizieren, Hochrechnen war mir eine Wissenschaft mit sieben Siegeln. „Du wirst das School Leaving Certificate verfehlen", sagte András Varga, „mach so weiter und du wirst es verfehlen." „Mr. Varga", sagte ich, „das geht nicht gegen Sie. Geht alles nicht gegen Sie. Ich mag Sie." „Und ich mag dich, mein Junge", sagte er. Es half nicht, im Gegenteil, es verstärkte mein Schuldgefühl. „Was treibst du, wenn du im Unterricht fehlst?", fragte er. Sollte ich ihm beichten, dass ich im Park auf der Wiese lag und Dickens las? Was bloß sollte ich ihm sagen? „Nicht viel", antwortete ich. „Nicht viel ist zu wenig", sagte András Varga, und dann, während er mit seinen stets von Kreide verfärbten Fingern im Mathematikbuch blätterte: „Sollen wir das Ganze noch mal durchrechnen?" „Sinnlos", sagte ich, „ich bring's nicht!" Er seufzte. Schließlich und so, als sei ihm das schwärzeste seiner schwarzen Schafe das liebste, wuschelte er mein Haar. „Manche lernen es nie, andere noch später", meinte er. „Vielleicht gehen wir es ein anderes Mal mit frischem Anlauf an – ich denke mir was aus." Er schlug eine Nachhilfestunde drei

Tage später vor, auf der Bank unter der Buche im Park, „nach der Jause“. Das Wort war mir ungewohnt, aber ich wusste, er meinte das Kuchenessen mit Milchkaffee im Gartenhäuschen. „Ich werde da sein“, versprach ich – und brach mein Wort. Keine Chance blieb mir an jenem Tag, es zu halten. Ich wurde abgeholt, war von zwei englischen Polizisten aus der Schule geholt und in ein Internierungslager in Liverpool gebracht worden – mit meinen knapp sechzehn Jahren hatte man mich vom *friendly alien* zum *enemy alien* eingestuft: einer mit Namen Winston Churchill hatte das so bestimmt. Als ich, eskortiert von den zwei Polizisten, im schwarzen Auto weggefahren wurde, dachte ich: Wenigstens bleibt András Varga die Schande durch mich erspart: Nie hätte ich die Mathematikprüfung fürs School Leaving Certificate bestanden. Niemals!

Gerry Merryweather – Windermere, 1940

Gerry war achtzehn, kam aus wohlhabendem Hause, und seine Eltern hatten im Frühling 1940 in ihr Feriendomizil im englischen Lake District eingeladen – nicht irgendwen, sie wollten ein jüdisches Flüchtlingskind aus Nazideutschland, was bedeutete, dass ich vom Internat in Kent für eine Reihe von Ferientagen nach Windermere gelangte. Gerry war entgegenkommend, doch ich spürte, dass er nicht allzu viel mit dem Sechzehnjährigen anzufangen wusste, der zu jung für ihn war! Für die vier Schülerinnen aus dem nah gelegenen Mädchencollege, die er zu einem Ausflug in die schöne Umgebung eingeladen hatte, war er der Prince Charming – sie umschwärmten ihn und verfolgten ihn mit Blicken. Sie waren sämtlich in meinem Alter, doch auch für sie war ich viel zu jung. Sie beachteten mich erst, als ich in meinem inzwischen passablen Englisch von Deutschland zu erzählen begann, ich die Wanderpausen nutzte, die wunderschöne Seejungfer im Zirkus Sarrasani zu schildern, die halb Fisch, halb Frau war und lange unter Wasser schwamm. Auch mit dem Seiltänzer, der zwischen zwei Duisburger Fabrikgebäuden in großer Höhe von Dach zu Dach balanciert war, hatte ich die Mädchen außer Atem halten können: „Für nur eine Handvoll Münzen, die die Zuschauer ihm opferten, hat der sein Leben riskiert.“ Ich beschrieb spannende Boxkämpfe in Kirmeszelten, die mit blutigem K.o. geendet hatten. Naziaufmärsche und Judenverfolgungen verschwieg ich komplett – was die Mädchen mir zu danken schienen. Jedenfalls gelang es mir, Mary und Shirley und Janet und Rosalie für mich zu gewinnen und mich in den Mittelpunkt zu rücken, während Gerry fotografierte. Während des gesamten Ausflugs fotografierte er: die Mädchen, mich mit den Mädchen und mich allein, und die Hügel und Täler und Seen. Zuweilen verloren

wir ihn aus den Augen, und wenn er zu uns zurückkam wirkte er hochzufrieden. „Kinder, was ich da alles im Kasten habe. Ihr werdet staunen." Mary staunte schon jetzt, sie schmiegte sich an ihn. „Lass mich auch mal", sagte sie. Gerry gab die Kamera nicht aus der Hand. „Du solltest wenigstens einmal mit auf dem Bild sein", flehte sie, was begreiflich war: Gerry sah gut aus, durchtrainiert, mit lockigem Haar und dunklen Augen. Er stellte ein Stativ auf, befestigte die Kamera daran, brachte de Linse in Fokus, und das alles für ein Gruppenbild durch Selbstauslöser. Wieder sah er durch den Sucher und sprang dann in unsere Mitte, während der Auslöser surrte. „Great", riefen die Mädchen und – tatsächlich! – das Gruppenbild erwies sich als gelungen. Jedes der Fotos, das Gerry in ein Album geklebt und nummeriert hatte, erwies sich als gelungen. Ich weiß das, denn es gelangte per Post zu mir ins Internat – und volle siebenundsiebzig Jahre später muss ich bekennen, keines der Fotos bestellt, das Album auch nicht an die Mädchen weitergeleitet zu haben, ich ließ es in meiner Kammer im Boys' House liegen, denn der Tag, als das Album mich erreichte, war auch der Tag, an dem ich von der Polizei abgeholt und nach Liverpool gebracht wurde, von wo aus ich zusammen mit zweitausend anderen Internierten auf dem Truppentransporter „Dunera" nach Australien verschifft wurde. Gerry Merryweather und sein Album blieben seitdem für mich verschollen.

Auf dem Weg zum fünften Kontinent

The Lionhunter – Liverpool, 1940

„Git! You git", brüllte er, kaum dass ich an Deck der „Dunera" gelangt war, „you git! Er stampfte seinen Gewehrkolben knapp neben meinem Fuß auf. Ich sprang in Sicherheit und verschwand die Leiter hinunter in den Bauch des Schiffes. Für den Rest der Reise nahm ich mich vor ihm in Acht – wie wir alle, die in England interniert und auf dem Truppentransporter auf dem Weg nach Australien waren. Längst hatte man dem Feldwebel der Wachmannschaft den Namen Lionhunter angehängt: Er war bullig von Gestalt, stiernackig, gab seinen Soldaten stets den Ton an, und er scheuchte uns, wo er konnte. Besonders ihm war anzulasten, dass die Soldaten unser an Deck aufgestapeltes Gepäck geplündert und über Bord geworfen hatten, was sie nicht gebrauchen konnten. Wie gesagt, wir mieden den Lionhunter und, weiß Gott, *ich* mied ihn stets. Es half nicht. Eines Morgens kriegte er mich wieder zu fassen. „You git!", brüllte er, als ich unterwegs zur Kombüse war, wo Willi Mertens mir seinen Posten abgetreten hatte, damit ich an seiner Stelle Kartoffeln schälen durfte – was schon wegen des bisschen Freiheit und der frischen Luft ein großes Privileg war. Ich stand stockstill und meldete dem Lionhunter: „Kitchen duty". „Sir!", brüllte er. „Sir", sagte ich und machte mich davon. Ein letztes Mal kamen wir uns in Kapstadt in die Quere, wo die „Dunera" vor Anker lag und ich aus dem Bullauge der Latrine auf den fernen Tafelberg blickte und aufs schäumende Meer unter afrikanischer Sonne. Daran sah ich mich satt, bis ich den Lionhunter brüllen hörte: „You git!" Sofort zog ich den Kopf ein. Der schlägt zu, dachte ich, das Schwein schlägt zu. Und ich sollte recht behalten: Als die „Dunera", in Sydney angekommen, vertäut im Hafen lag, schlug der Lionhunter tatsächlich zu. Ich sah es nicht selbst, doch die Kunde davon verbreitete sich wie ein

Lauffeuer. Der Lionhunter hatte seinen Gewehrkolben mit Wucht auf den Fuß eines Jungen gesetzt, der Salomon Meier hieß, und hatte ihm die Zehen gebrochen. Salomon war in die Notstation von Darling Harbour gebracht worden. Wir sahen ihn erst in Hay wieder, dem Lager in der Wüste, sein rechter Fuß in Gips und er auf Krücken. Wir umsorgten ihn und er genoss das. „Klar", sagte Salomon, „das war schlimm, sehr schlimm!" Und er fügte stolz hinzu: „Ich habe Meldung gemacht, Meldung nach oben." Auch habe er herausgefunden, wie der Lionhunter hieß, nämlich Fagan, Rex Fagan, und versichert habe man ihm, es würde eine Untersuchung vorm Militärgericht geben, ein Court-Martial. „So wird's kommen. Glaubt mir, so kommt es", rief Salomon. Es sollte ein Ruf in der Wüste bleiben, denn von einem Court-Martial hörten wir nie etwas – und es wird auch keins gegeben haben.

Willi Mertens – Truppentransporter „Dunera", auf See, 1940

Er war Seemann und auf Schiffen zu Hause – so auch auf diesem, dem Truppentransporter „Dunera", der uns zweitausend Internierte im Kriegsjahr 1940 vom englischen Liverpool nach Australien brachte: Willi Mertens Wir lebten unter verschlossenen Luken im Halbdunkel, er aber fast nie: Ein Offizier der Wachmannschaft hatte ein Auge auf den Mann geworfen. Er holte ihn aus der Masse heraus und ließ ihn an Deck Handlangerdienste tun, auch in der Kombüse, wo er Kartoffel schälen durfte. Durfte? Es war ein enormes Privileg, täglich in frischer Luft vor den Türen der Kombüse beschäftigt zu sein. Und dass Willi Mertens diese Gunst zuweilen mit mir teilte, hatte auch mit meinem Alter zu tun: Ich war der Benjamin an Bord. Und nicht zuletzt hatte es auch damit zu tun, dass ich wie Willi Mertens aus Duisburg am Rhein stammte und so sprach wie er. Seit er das gehört hatte, nahm er mich unter seine Fittiche. Er massierte meine Schulter, nachdem ich bei einem U-Boot Angriff in der Irischen See gegen einen Pfeiler geschleudert worden war. Und er holte mich an Deck, wenn es im Bauch des Schiffes zu stickig wurde. Die von der Wachmannschaft ließen ihm das durchgehen: Oh, es war schon ein Riesenvorteil, unter Willi Mertens' Obhut zu stehen, ein gewaltiges Plus. Und habe ich es ihm gedankt? Ich habe es ihm danken *wollen* – doch das reichte nicht. Willi, der einstige Seemann auf deutschen Frachtern, wollte nach dem Krieg nicht wieder anmustern, er wollte sich in Australien selbstständig machen. Mit einem Bankdarlehen beschaffte er sich einen Transporter, mit dem er Autos von Victoria nach Westaustralien überführen wollte: Strecken über schier endlose Landstraßen bis nach Perth. Dafür hatte er sich einen Beifahrer erkoren, und als der sich eines Tages krankmeldete, bekniete er mich: „Hilf mir aus der Patsche, Walter." Und

das tat ich, schwor mir aber danach, es nie wieder zu tun. Kein zweites Mal würde ich diese Wüste durchqueren, bei Hitze über flimmernden Asphalt, und nirgends ein Strauch, und das vier Tage lang. Die Nullarbor-Plain ist berüchtigt: *nulla arbor*, lateinisch für „kein Baum"! Nach unserer Rückkehr warf ich das Handtuch. Und als vor der nächsten Tour Willis Beifahrer wieder nicht auftauchte, warnte ich Willi: „Zähl nicht auf mich, auf mich nicht mehr!" Er nickte stumm, sagte kein Wort und fuhr alleine los. Und kam alleine, nach viertägiger Zugfahrt mit dem Nullarbor-Express nach Melbourne zurück – ohne seinen Transporter! Bei voller Fahrt war Willi hinterm Lenkrad eingeschlafen und erst aufgewacht, als das Fahrzeug umstürzte. Der Versicherungsschaden war enorm, Willis Transportunternehmen ruiniert. Er hat es mir nicht vorgeworfen. Doch sein Schweigen, nachdem er mir den Unfall geschildert hatte, war beredt gewesen.

Australien

Ed Sullivan – Hay, 1940

Lance Corporal Sullivan parkte den Kleinlaster am Ufer des Murrumbidgee, stieg aus, zog seinen breitkrempigen Armeehut vom Beifahrersitz, schlug die Fahrertür zu und klomm die Böschung hoch. Dort hockte er sich in den Schatten eines Eukalyptusbaums und sah zu, wie ich die langstielige Schaufel von der Ladefläche nahm und anfing, Kies zu schaufeln. „Don't bust your guts", rief er mir zu, „easy does it." Nach fünfzehn Minuten ließ er mich eine Pause einlegen. Es war wärmer geworden und würde heiß werden. Sullivan drängte mich nicht, das tat er bis zum Schluss nicht. Wir waren uns in den vergangenen zwei Tagen nah gekommen, der australische Wachsoldat und ich. Ich hatte ihm erzählt, wie ich nach England gelangt und warum ich dort interniert worden war, und das hatte ihm einen Fluch entlockt. „Never known a Pommie that was any good yet", hatte er gesagt – Sullivans Vorfahren kamen aus Sligo in Irland, Verachtung der Engländer lag ihm im Blut: „Bin nie einem von denen begegnet, der was taugt." Mir war, als sei es ihm egal, wenn ich plötzlich die Schaufel hinschmiss und verschwand. Gestern hatte er mich im Fluss schwimmen lassen, bis ich ihm aus den Augen war, und er würde mir auch heute dieses unerhörte Gefühl der Freiheit bescheren, indem er mich flussabwärts schwimmen ließ, wo die Stacheldrahtzäune des Lagers nicht mehr zu sehen waren, sondern nur noch Fluss und Landschaft. Und richtig, so gegen zehn Uhr – der Kleinlaster war schon ein gutes Stück voll geschaufelt und die Sonne stach heftig – rief er mir zu: „A swim in the river, mate!" Ich ließ mich nicht bitten, warf Hemd, Hose und Sandalen ab und sprang in den Fluss. Und wieder überkam mich dieses unerhörte Gefühl der Freiheit – Landschaft so weit das Auge blickte und kein Wachturm in Sicht. Als ich zurückschwamm und aus dem Wasser

watete, zeigte sich Sullivan geradezu erstaunt. Warum ich mich nicht verpisst habe, wollte er wissen. Ich blickte an mir herunter: „Naked?“, fragte ich. Mit Hemd und Hose natürlich, meinte Sullivan. „But without shoes“, fügte ich noch hinzu – ohne Schuhe in der Wüste von Hay. Sullivan winkte mich in den Schatten des Eukalyptusbaums und fragte besorgt, warum ich bloß Sandalen und keine Schuhe hatte. Das sei eine Geschichte, erklärte ich ihm, die mit dem U-Boot Angriff auf das Schiff zu tun habe, das uns von England nach Australien gebracht hatte. Damals sei ich aus der Hängematte geschleudert worden und hätte in der Panik meine Schuhe nicht mehr finden können – und auch später nicht! „Und hattest kein zweites Paar im Gepäck?“, fragte Sullivan. Unser Gepäck, sagte ich, sei von den Wachsoldaten geplündert oder über Bord geworfen worden. Wieder fluchte Sullivan und wiederholte, dass Engländer alle nichts taugten. „Und woher die Sandalen?“, wollte er wissen. Die habe mir ein Matrose aus einem alten Autoreifen geschnitten, die gäbe es auf fast allen Schiffen als Puffer beim Festmachen. „I see“, sagte Sullivan, und dann versprach er mir, was ich mein Leben lang nicht vergessen werde: „A pair of army boots!“ Er fragte nach meiner Schuhgröße, und wirklich, am nächsten Tag tauchte er mit Armeestiefeln auf, braunen Stiefeln aus feinstem Leder. Damit könne ich über alle Berge verschwinden, er selbst habe dann nichts weiter zu verlieren als einen lumpigen Korporalstreifen. „Piss off while you can“, riet er mir. Ich lächelte nur. Wohin in Gottes Namen sollte ich verschwinden – ohne Geld, ohne Papiere und umgeben von endloser Wüste. Da könnten auch die besten Stiefel nicht helfen, sagte ich ihm. Sullivan lachte. Er sah das ein. Und ich trug die Stiefel, bis sie zerschlissen waren ...

Günter Hirschfeld – Tartura, 1941

> *This be a sign of my love*
> *and a pledge for you to do*
> *just as well.*
> *Günter*

Ich glaube nicht, dass er mir je sagte, er liebe mich. Doch hier im Lager, wo ich mehr als ein Jahr nur unter Männern zugebracht hatte, wäre das so ungewöhnlich nicht gewesen. Ich spürte seine Zuneigung, erwidern konnte ich sie nicht – nicht so, wie er es erhoffte. Günter war älter als ich, sieben Jahre etwa, war hochgewachsen, breitschultrig, sein Kopf voll schwarzer Locken. Er sprach klangvoll, wusste Gedichte zu deklamieren und sang sehr gut – was schließlich zu unserer Trennung führte: Eine New Yorker jüdische Gemeinde hatte bei den australischen Behörden seine Entlassung angestrebt, sie brauchten dringend einen Kantor. Lange vor mir durfte Günter das Lager verlassen, um nach Amerika auszuwandern. Zum Abschied schenkte er mir *The Oxford Book of English Verse*: „This be a sign of my love …" Es hatte mich froh und stolz gemacht, von ihm anerkannt zu werden und dass er gut fand, was ich damals zusammendichtete – Zeilen voll jugendlicher Sehnsucht und Schwermut. Er sprach zu mir über Zeiten nach der Geburt Christi, als der Psalmengesang nicht länger als Teil des jüdischen Gottesdienstes betrachtet wurde, und wie danach der Rat der Juden Musik und Gesang als Bindeglied der Seele mit Gott zu vermissen begann – dieses Bindeglied wollte Günter festigen helfen. So gern ich ihm zuhörte, nicht wirklich vermochte ich nachzuvollziehen, was er mir über die Erhabenheit der Stimme zu erklären versuchte. Auch die Bedeutung der Liturgie des Kol Nidrei am Yom Kippur begriff ich nur leidlich, und rein gar nicht, dass der Kol Nidrei jahrhun-

dertelang dazu gedient haben sollte, die Juden der Untreue zu bezichtigen. Warum auch musste ich das alles begreifen, hier in Australien, in einer Welt weit weg von den Bräuchen und Ritualen meiner Eltern in Duisburg. Als ich ihm das sagte, sah er mich mitleidig an: „Eines Tages, eines Tages …“ „Ich weiß, Günter“, unterbrach ich ihn, „bald wirst du uns alle verlassen.“ Er blickte in die Ferne. „Gott geb's“, sagte er. Er legte einen Arm um mich. Ich spürte, ihn verlangte nach mehr. Ich befreite mich. Es kränkte ihn. „Schiru – Schir chadasch“, sagte er – „unsere Wanderung zwischen den Völkern …“ „Ach, Günter“, unterbrach ich ihn, „wen in dieser Einöde willst du bekehren?“ „Dich zuallererst“, erwiderte er und lachte. Wir lachten beide. Günter begann von Dortmund zu erzählen, wo er herkam, von den Eltern und seiner Kindheit und dass er stets für die Eltern bete: „Du für deine, ich für meine.“ „Ja, Günter“, sagte ich. Zuweilen fühlte ich mich ihm überlegen, zuweilen erschien er mir sehr weise, sehr brüderlich und liebevoll. Gar unentbehrlich. Es war traurig, als ich ihn seinen Koffer packen sah, und traurig erst recht, als sich dann die drei Tore des Stacheldrahtzauns für ihn öffneten und sich hinter ihm wieder schlossen.

Alan Marshall – Shepparton, 1942

Vom Städtchen Shepparton im australischen Victoria sahen wir damals wenig, selbst sonntags blieben wir meist dort, wo wir uns von Pfirsichbaum zu Pfirsichbaum durchgeschuftet hatten, holten nach, was in der Woche versäumt worden war: die Bude säubern, in der wir hausten, und Wäsche waschen. Wir kochten überm offenen Feuer und streckten uns dann am Bewässerungskanal aus, bis uns gegen Abend die Mücken zurück zum Feuer scheuchten. Hier auf der Plantage waren wir stets auf uns gestellt und einsamer als im Internierungslager, aus dem wir entlassen worden waren. Außer Tom Cornish, dem Boss, sahen wir kaum jemanden. Die zwei Begegnungen, die wir hatten, sind mir im Gedächtnis geblieben: die mit dem Wanderarbeiter, der eine Nacht lang unsere Schlafstätte teilte und uns wissen ließ, man rekrutiere in Melbourne auch Ausländer für die australische Armee, und die mit dem Mann auf dem Kutschbock des Wohnwagens, den ein Ackergaul durch die Landschaft zog. An einem Sonntag, an dem ich zum ersten Mal die Plantage verlassen hatte, war ich bis zum Ufer des Goulburn River vorgestoßen und hatte von der Böschung her das Gespann kommen sehen. Als es auf meiner Höhe war, straffte oben der Mann die Zügel und hielt an. „Good day, young fellow,“ rief er. Ich grüßte zurück. „Great day!“, bestätigte ich und dann schwiegen wir. Der Mann machte die Zügel fest, kramte in seinem Lederbeutel nach Tabak und Papier, rollte sich eine Zigarette und begann zu rauchen. Er blickte freundlich und schien ein Gespräch zu wollen. „How goes it?“, fragte er. „Gut“, sagte ich, und schon hatte er den Ausländer in mir erkannt. Wie es mich hierher verschlagen habe, wollte er wissen. „A refugee from Germany? Sieh einer an!“ Er drückte seine Zigarette aus, warf die Lederschürze ab und hangelte sich vom Bock

herunter auf die Böschung. Die Beine nutzen konnte er nicht, sie waren mager und hingen schlaff wie Puppenbeine. Seine Arme aber waren stark wie die eines Turners, und es dauerte nur kurz, bis er, sich auf die Hände stützend, neben mir saß. Er musterte mich, und ich musterte ihn – kahlköpfig, wettergebräuntes Gesicht, energisches Kinn. Was ich ihm sagte, nahm er aufmerksam auf, das war zu spüren. So erfuhr er weit mehr von mir, als ich von ihm – doch ehe er sich wieder zum Kutschersitz hochgehangelt hatte, wusste ich, dass er seit dem sechsten Lebensjahr mit der Kinderlähmung zu kämpfen gehabt hatte. Er sagte *overcome*, überwunden, was ihm sichtlich gelungen war. Mich beeindruckte, wie geschickt er Pferd und Wagen im Griff hatte und ohne jede Hilfe auskam. „So long, mate", rief er. „So long", rief ich zu ihm hoch. Und als ich zwei Jahre später von einem Polio-Opfer namens Alan Marshall las, der mit Pferd und Wohnwagen durch Victoria gezogen war, um ein Buch *These are my People* zu schreiben, wusste ich gleich, dass dies nur der Mann sein konnte, der mir an den Ufern des Goulburn viel aus meinem Leben entlockt hatte.

Theo Cohn – Albury, 1944

Seinen eigentlichen Vornamen kannten in unserer im australischen Albury stationierten Armee-Einheit wohl nur Staff Sergeant Meyer, der in der Schreibstube die Listen führte, und ich: Theo. Er stammte aus Mülheim an der Ruhr, einen Steinwurf weg von meinem einstigen Elternhaus, und ich hörte ihn gern reden, weil der mir vertraute Tonfall auch im Englischen durchklang. Alle fanden, er sei eine rheinische Frohnatur, dem die Privilegien, die er genoss, zu gönnen waren: Als Soldat trat er seinen Dienst schon um sechs in der Früh an und war gegen Mittag frei. Wie das? Er, der von allen nur Titsch gerufen wurde, war zu klein, zu schmächtig für die Ladearbeiten an der Eisenbahn oder die Schufterei im Munitionsdepot. Folglich hatte man ihn der Kleiderkammer zugeteilt, wo er in den Morgenstunden dem Quartermaster zur Hand ging. Morgens um sechs blies auf seiner Trompete, die er bei der Einmusterung vorgewiesen hatte, zur Reveille. Titsch, der Trompeter! Was er in seinen freien Nachmittagen anstellte, erfuhr ich als Erster: Er machte sich zu einer nahegelegenen Farm auf, lieh sich dort ein Pferd aus und ritt in die Landschaft. Ich erlebte ihn, wie er im Galopp über die Felder preschte und dabei fest im Sattel blieb – ein mittleres Wunder, so schien es mir, für einen jungen Juden aus dem Ruhrgebiet, knapp dreißig Jahre alt, der nur das Schneiderhandwerk erlernt hatte. Das immerhin, und seine kleine Statur, hatte ihn für die Kleiderkammer prädestiniert. Früh morgens also blies er sein Horn, bis elf sortierte er Uniformen und Uniformstücke, und nachmittags ritt er aus. Im Verlauf dieser Reiterei verliebte sich die Farmertochter Pamela in ihn. Inwieweit das auf Gegenseitigkeit beruhte, weiß ich nicht, nur dass Titsch eines Tages auf mich zukam und sagte: „Ich brauche dich." Am darauffolgenden Samstag sollte ich als Trauzeuge fungie-

ren. „Ist alles schon arrangiert“, versicherte er mir. Die Trauung fand in aller Stille in der Presbyterkirche von Albury statt und – ich kann's bezeugen – Pamela erwies sich als einen Kopf größer als er und weit korpulenter. Sie strahlte. Er nahm es gelassen. Und bemerkenswert bleibt, dass nur wenige Wochen nach der Trauung Soldat Theo Cohn aus der Armee ausschied. Er, der es in der Kleiderkammer zum Lance Corporal gebracht hatte, zu einem Rang überm gewöhnlichen Soldaten, wurde von einem Tag zum anderen Zivilist. Wir fragten uns, wie das kam. Er grinste und blickte zu uns hoch. „Bin unentbehrlich“, erklärte er. Wo unentbehrlich, wollten wir wissen. In eben der Farm, in die er eingeheiratet hatte, verriet er uns. Dort nämlich würde angebaut und geerntet, was die in Victoria stationierten Armee-Einheiten brauchten. Sein Schwiegervater hatte, Arbeitskräftemangel vorgebend, ans Armeekommando einen Antrag gestellt, und der war genehmigt worden. Fortan blies kein Soldat mehr zur Reveille und jemand anders rückte in die Kleiderkammer nach. Zuweilen sah ich in meiner Freizeit Titsch-Theo Cohn hoch zu Ross und mit wehendem Haar über die Felder preschen und mir lachend zuwinken ...

Lieutenant Murray – Albury, 1944

Ich betrat die Schreibstube mit Skepsis, obwohl Lieutenant Murray nicht gezögert hatte, mich anzuhören. Die Sache war heikel – sehr heikel. Und so kam es dann auch: Lieutenant Murrays Augen verengten sich und er erklärte entschieden: „Was Sie da vorgebracht haben ist Sache des Oberkommandos, nicht meine. „Yes, Sir“, sagte ich, machte aber nicht kehrt. Ich wartete ab. Er sah mich an. „So sehr ich Ihre Ehrlichkeit anerkenne – Sie waren mir einen Zacken zu ehrlich. Bindet mir die Hände.“ „Yes, Sir“, sagte ich wieder und dachte: Wie man's macht, macht man's falsch. Hätte ich denn verschweigen dürfen, dass die Soldatin, wegen der ich einen Sonderurlaub beantragt hatte, beim militärischen Abwehrdienst gewesen und suspendiert worden war, als herauskam, dass sie mit mir, dem Ex-Deutschen, Verbindung hatte? Einen Zacken zu ehrlich … Nichts schien mehr zu retten. Ich biss die Zähne zusammen. Aus, Schluss! Barbara war auf dem Weg von Cairns nach Surfers Paradise in Queensland, um mich zu treffen, und ich hatte tausend Meilen entfernt in New South Wales zu bleiben. An Murrays Entscheidung war nichts zu bemängeln. Hatte er sich nicht stets als ein Kommandeur gezeigt, der ernste Anliegen wichtig nahm? Was aber sollte er in diesem Fall tun? „Ich kann nicht ungehört machen, was ich gehört habe“, sagte er jetzt. „No, Sir“, erwiderte ich. Es schien ihm plötzlich klar geworden zu sein, wie wichtig, ja geradezu lebenswichtig, mir diese fünf Tage Sonderurlaub waren – dass mein *brief encounter* mit der Soldatin Barbara Dyer sehr tief gegangen war. Langsam lehnte er sich im Schreibtischstuhl zurück, sein schmales Gesicht lag jetzt im Schatten. „Sagen wir mal“, hörte ich ihn zu meinem Erstaunen sagen, „Sie hätten einen Verwandten in Westaustralien, plötzlich gestorben der Mann und niemand vor Ort, der nach dem Rechten

schaut. Sagen wir mal, dass das so ist, es könnte *compassionate leave* hergeben. Wenn Sie wissen, was das ist.“ Ich kannte den Begriff – er stand für Sonderurlaub im Krankheitsfall oder Tod. Ich nickte. Lieutenant Murrays Miene zeigte keine Regung, während er sich vorbeugte und in einem Protokollbuch eine Eintragung machte. Er stand auf, ging an mir vorbei zur Tür und rief in den Vorraum: „Staff Sergeant Meyer – fünf Tage Sonderurlaub für den Mann hier. Stellen Sie den Schein für Perth in Westaustralien aus. „Yes, Sir“, kam die Antwort. Lieutenant Murray blickte mich an. „Wie Sie die tausend Meilen in die andere Richtung nach Queensland schaffen, ist Ihre Sache. Abtreten!“ „Thank you, Sir“, sagte ich und trat ab.

Greg McNeil – Melbourne, 1944

Er war schlank und hochgewachsen, seine Haut wettergebräunt, und er war Sergeant in der US-Army. Wegen Kriegsverwundungen hatte man Greg McNeil einen Schonposten bei unserer Truppe in Melbourne zugeteilt. Obwohl leicht hinkend, schritt er zügig unsere Reihen ab und holte jeden Zehnten nach vorn. Als er zwanzig Männer zusammenhatte, verkündete er: „Armee-Jeeps sind von Port Melbourne nach Camp Pell zu bringen und am Rand vom Paradeplatz zu parken." „Sergeant", sagte ich und nahm Haltung an, „I can't drive." Er sah mich an. „Wie alt sind Sie?", wollte er wissen. Ich sagte es ihm. Er traute seinen Ohren nicht. In Detroit, wo er herkam, fände sich nirgends ein Zwanzigjähriger, der nicht fahren könne – was für ein seltsames Exemplar ich sei. Ich schwieg. Er kratzte sich am Kopf. „I'll teach you", entschied er kurz entschlossen, befahl den neunzehn anderen, sich bereitzuhalten, ließ die restliche Truppe wegtreten, und wandte sich wieder zu mir: „So you can't drive. Twenty years old and can't drive!" Das überstieg sein Fassungsvermögen. „Warten Sie!", befahl er und verschwand vom Platz. Kurze Zeit später war Motorengeräusch zu hören, Sergeant McNeil fuhr mit einem Jeep vor, hielt scharf bremsend vor mir an, wechselte auf den Beifahrersitz und beorderte mich hinters Steuer … Wie er mit mir sprach und was er mir im Folgenden über Kupplung, Schaltung, Bremse beibrachte, brauche ich nicht auszuführen, nur dass er mich wieder und wieder in passender Reihenfolge alles Nötige üben ließ, vom Starten bis zum Anhalten, vom Rückwärtsfahren bis zum Einparken. Das Getriebe krachte, der Motor heulte auf, soff ab, musste neu gestartet werden, während Sergeant McNeil fluchte: „God Almighty, a man with two left feet!" Es dauerte, bis ich beide Füße richtig einsetzte und mich als halbwegs

brauchbar erwies. Wirklich zufrieden zeigte sich McNeil auch nach mehr als einer Stunde Probefahren nicht. Doch immerhin, der Jeep bewegte sich, *ich* bewegte den Jeep. „You can drive", entschied McNeil am Ende, holte die anderen neunzehn zusammen und schickte uns allesamt auf die Ladefläche eines Lastwagens, der inzwischen vorgefahren war. Und ab ging es nach Port Melbourne. McNeil war mit seinem Jeep die Vorhut. Ich schwieg eisern, mir graute vor Kommendem – und das nicht grundlos. Als die Kolonne Jeeps vom Hafen aufbrach und sich in Richtung Camp Pell bewegte, ich selbst dazwischen mit dem zwanzigsten Jeep, schaltete ich – ich schwöre es! – nur ein einziges Mal vom ersten in den zweiten Gang. In dem fuhr ich die gesamte Strecke ab. Auf dem Paradeplatz von Camp Pell angelangt, bremste ich scharf und – wie's amerikanisch heißt – I killed the motor. „For crying out loud", rief Sergeant McNeil, „you've done it." Er schlug sich vor die Stirn und wollte nicht glauben, dass ich tatsächlich angekommen war.

Jack O'Connor – Melbourne, 1946

Wir saßen auf dem Pier mit dem Rücken zur Kaimauer, die Sonne schien und die Mittagspause ging dem Ende zu. Seit sieben hatten wir geschuftet, er mit seiner Gang an Luke zwei, ich mit meiner an Luke drei – die „Wollaroo" hatte Stückgut für Melbourne geladen und Armeegut, das auf Armeelaster zu verfrachten war, die ständig anrollten und weit ins Land fuhren. Noch war der Tee stark und heiß, ich nippte am Blechnapf. Mit einer Münze öffnete ich meine Tabakdose, rieb ein Quäntchen Tabak zwischen den Handballen und rollte eine Zigarette. Der Mann neben mir sog tief den Duft ein, ich reichte ihm die Dose. „Thanks, mate", sagte er. Er war langbeinig, langarmig, sein Gesicht beschattet unterm breitkrempigen Hut. Ich schätzte ihn auf etwa fünfzig. Er reichte mir den Tabak zurück und ich sagte: „Keep it. There's plenty more where that came from." Log Cabin gab es für uns preiswert in der Armeekantine, und fast gar nicht im zivilen Verkauf. Er sah mich an. „Fair dinkum?", fragte er. Ich nickte. Er erklärte den Tag zu einem sehr besonderen. Log Cabin habe er seit Jahren nicht geraucht. Er hielt mir die Hand hin. „O'Connor", sagte er. „Call me Jack." Nach der Schicht passte er mich an der Gangway ab. Auf einen Zettel hatte er seine Adresse geschrieben. „Come for tea tonight", sagte er, „if you can get away. We'll be waiting …"

Jack O'Connor und ich blieben Freunde, bis unsere Einheit in den Norden verlegt wurde und der Kontakt abriss.

Armin Rettlaff – Melbourne, 1948

Er überragte die Reling kaum, ich sah nur seinen Kopf und ein Stück seiner Schultern. Langsam löste sich das Schiff vom Pier, die Passagiere winkten, Armin winkte, ich hob beide Arme und schloss die Hände überm Kopf zusammen, ich hoffte, dass er das begriff: Hand in Hand, Armin. Wie gehabt. Mir war elend zumute. Armin verschwand aus meinem Leben – mir war, als würde ich ihn nie wiedersehen. Zwei von vier Armeejahren waren wir Freunde, hatten ein Zelt geteilt, waren in einer Gang des Arbeitsbataillons, hatten auf Güterzügen Armeegut umgeladen, in den Bäuchen von Frachtern Löscharbeiten getan, hatten Urlaubstage gemeinsam verbracht – und nie viel miteinander geredet, hatten uns wortlos verstanden. Ich wusste, dass er in Bochum im kommunistischen Jugendverband und im Untergrund an Aktionen beteiligt gewesen war. Wen besser hätte ich über antifaschistischen Widerstand in Deutschland befragen können, als ich meinen ersten Roman plante? Er aber antwortete nur zögerlich in jener Nacht. Erinnerungen schienen ihn zu plagen, und es dauerte, bis er auf jenen Unfall einging, von dem eine tiefe Narbe in seiner linken Handfläche zeugte. „Das war kein Betriebsunfall“, sagte er, „das passierte auf der Flucht. Die SA war uns auf den Fersen, wir hatten im Fabrikhof Flugblätter verstreut, und ich zerschnitt mir die Hand an den Scherben auf der Mauer, über die ich entkommen wollte. Dass ich mit meiner zerschnittenen Hand zu Dr. Levi gerannt bin, auf Umwegen, versteht sich, aber doch zu ihm, das verzeih ich mir bis heute nicht. Das war gegen alle Regeln. Zu dem durfte keiner von uns, der war zu meiden, den würden wir brauchen, wenn es auf Leben und Tod ging. Bis heute werfe ich mir vor, dass er verschwand, nachdem er den Schnitt zugenäht und die Hand verbunden hatte – er verschwand für

immer. War ich beobachtet worden, als ich zu ihm rannte, war er denunziert worden, hatte die Gestapo ihn in den Klauen – ich weiß es nicht, weiß es bis heute nicht!“ Nun war Armin auf dem Heimweg nach Deutschland, auf dem Weg zurück nach Bochum, zurück zur Partei – er würde herauskriegen, was damals mit Dr. Levi geschah, und da ich nichts mehr von ihm hörte, muss ich annehmen, dass es mit Dr. Levi so gekommen war, wie Armin es befürchtet hatte.

Colin Cartwright – Melbourne, 1949

Und dann, just an diesem von mir längst verplanten Sonntag, war Colin Cartwright aufgetaucht – der Freund aus Albury, dessen Mutter mich, den jungen Soldaten, damals wie einen Sohn aufgenommen hatte. Zaghaft, wie es seine Art war, hatte Colin an der Tür des Hauses geläutet, wo Barbara und ich wohnten. Ich war auf den Balkon getreten und hatte ihn unten stehen sehen, schlank und schmalbrüstig, die Schultern leicht eingezogen. Ich rief seinen Namen, er strich sich das Haar aus der Stirn, blickte hoch und lächelte – und bald schon saß er bei uns am Frühstückstisch, sein einziges Gepäck, einen Eton Bag, neben sich auf dem Boden. Umständlich öffnete er die Tasche, um ihr zu entnehmen, was die Mutter ihm mitgegeben hatte. Ich hielt ihn davon ab – alles stünde frisch auf dem Tisch, er solle zulangen. „Danke“, erwiderte er. Und bleiben könne er, solange er wolle, versicherte ich ihm. Platz sei genug, und während Barbara unsere Abstellkammer ausräumte und für ihn herrichtete, könnten wir einen Ausflug machen. „Ist das dein Auto dort unten vor dem Haus?“, fragte er. „Ja“, sagte ich, „mein erstes Auto.“ Als wir nach einer Stunde heimkehrten, war die Kammer blitzblank und wirkte weit geräumiger jetzt, ausgestattet mit einem kleinen Korbsessel, einer Kommode, einem soliden Bett. Colin streckte sich darauf aus und schlief ein, noch ehe ich draußen war. Barbara winkte mich zu sich. „Was hat ihn hergebracht?“, fragte sie. Ich wusste es nicht, wusste nur, ein Freundschaftsbesuch war dies nicht. Colin schien irgendwie auf der Flucht zu sein. Als ich ihm das während des Ausflugs angedeutet hatte, sagte er nur: „Lass es gut sein. Später, irgendwann später.“ Barbara fragte: „Hat er keine Freundin?“ Auch darauf wusste ich keine Antwort. In Albury hatte er seine Arbeit, seine Schallplatten, seine Bücher. Nach Freunden,

einer Freundin gar, hatte ich ihn nie gefragt. „Weißt du, was ich denke?", sagte Barbara, „dieses Menschenscheue an ihm, dieser jähe Aufbruch weg von Zuhause – was ich denke … dein Freund Colin ist anders."

Ab da sah ich Colin neu – seine Sanftmut, seine Anhänglichkeit und wie er redete … Nicht, dass er sich mir auf irgendeine Weise zu nähern versucht hatte, und doch: Einiges gab mir plötzlich zu denken. Er schien sein Zuhause und seine Arbeit bei einem Lokalblatt in Albury aufgegeben, für Melbourne jedoch keine Pläne zu haben. Er schlief bis in die Morgenstunden, nahm sein Frühstück ein, das für ihn bereitstand und – blieb im Haus. Mich begann zu irritieren, wie selbstverständlich er Barbaras Fürsorge annahm und dass sie ihm bereitwillig unser Wohnzimmer überließ. Nicht dass wir das Zimmer tagsüber brauchten: Meiner Schreibarbeit ging ich in der Melbourne Public Library nach und Barbara arbeitete in einem Buchladen – und doch: Wenn ich Colin mit ausgestreckten Beinen im Wohnzimmersessel sitzen sah, irritierte mich das. „Colin", wagte ich einmal zu sagen, „sie werden dich ersetzen bei der Zeitung in Albury." „Haben sie längst", erwiderte er, „über den Grund mag ich nicht reden." Er sah mich an. „Du", sagte er, „wenn ich hier lästig bin, ich kann auch gehen."

Als Barbara am Abend als Erstes nach ihm fragte, antwortete ich leichthin: „Er wird in seinem Zimmer sein." „Ist er nicht", sagte sie, „dort war ich schon. Also, wo ist er?" „Keine Ahnung." „Sag mir, was los war", insistierte sie, „er ist fort. Und das hat Gründe." „Soll das ein Verhör sein?" „Wenn du meinst", hörte ich sie sagen, „also wo ist er?" Ich trat auf den Balkon hinaus, sie folgte mir, wir sahen beide in die Dämmerung. „Wie konntest du nur?", sagte sie vorwurfsvoll. „Der geht nicht nach Albury zurück. Niemals. Eher tut er sich was an." „Wie kommst du darauf?" „Ich weiß es eben." „Dann sag es mir." „Weil sie

ihn in Albury zum Paria gemacht haben“, rief Barbara, „zum Stadtgespräch.“ „Hat er dir das gesagt?“ „Hat er – nun erklär *du* mir, was zwischen euch war.“ „Erstens“, antwortete ich betont leise, „war da nichts. Und zweitens: Er wird wiederkommen – wo soll er denn hin?“ „Du bist herzlos“, rief sie aufgebracht, „Geh und suche ihn – ich jedenfalls fang gleich damit an.“ Damit verließ sie das Haus.

Bald danach machte auch ich mich auf den Weg, setzte mich ins Auto und fuhr zur Bahnhofsmission in der Flinders Street, dann zu einer Obdachlosenherberge in der Spencer Street und einer zweiten in Fitzroy. Dort war man bereit, mit der Polizei und mit Krankenhäusern zu telefonieren – vergeblich! Erfolg hatte schließlich nur Barbara. Sie hatte im Y.M.C.A. nachgefragt und erfahren, ein Colin Cartwright sei tatsächlich dort gemeldet. Sie versuchte, ihn zu überreden, zu uns zurückzukehren, er aber lehnte das ab und blieb im Y.M.C.A. „Wie konntest du ihm das antun?“, schalt sie mich, als wir beide wieder zu Hause waren. „Wie konntest du nur?“

Erfahrungen! Wie anders hätte er seinen in Wales angesiedelten Roman *Tiger Bay* schreiben können, einen zweiten mit dem Titel *The Stones of Bombay*, einen dritten, in Palästina angesiedelten, den er *The Shepherd and the Hunter* genannt hatte. Er war weit älter als ich, an die fünfzig wohl: ein korpulenter Mann mit Glatze, rotem Bart, und blauen Augen hinter dicken Brillengläsern. Er schielte leicht, seine vollen Lippen glänzten feucht. Beim Sprechen senkte er den Blick. Meist hörte er zu, nahm wachen Anteil an allem, und dass er Jude und aus Ungarn war, wussten wir lange nicht. Den Namen Martin hatte er sich in Wales zugelegt, ehe er im Spanischen Bürgerkrieg in den Interbrigaden Sanitäter wurde, aber auch das erfuhren wir erst nach dem Unfall, der während einer unserer Realist-Writers-Zusammenkünfte auf der Straße vor dem Haus passierte. David war ans Fenster gelaufen, hatte erkannt, dass er gebraucht wurde, und kurz darauf sahen wir, wie er die schwer verletzte Frau mit dem Verbandzeug aus einem Auto versorgte. Die Besatzung aus dem Rettungswagen brauchte die Frau nicht weiter zu behandeln, hatte sie nur auf die Trage zu legen und fortzubringen. Als wir David fragten, woher er die Fähigkeiten hatte, sagte er etwas von Sanitäter im Spanischen Bürgerkrieg, und das, so stellte ich mir vor, mochte gefahrvoller gewesen sein als manch ein Kampf mit der Waffe. Ich sah David, wie er im Kugelhagel bäuchlings auf Verwundete zukroch und sie versorgte, wie soeben diese Frau.

Immer schon hatte ich sein Mitwirken im Verband als eine Bereicherung empfunden – hatte seine Überlegungen zu meinem ersten Roman, der im Entstehen war, zu schätzen gewusst – nun umso mehr. Was er mir über Aufbau, Gliederung und Präzision erklärt hatte, war handfest und half sehr. Auch Weglassen gehöre dazu, hatte er

betont, Wegstreichen, und dass zwischen den Zeilen viel verborgen sein müsse, wie bei Eisbergen unter Wasser: „Unsichtbares unter Sichtbarem". So entschlossen und selbstsicher wie er der verletzten Frau beigestanden hatte, konnte kein bloßer Träumer sein, kein bloßer Theoretiker, und auch sein *Lied der Jaramafront*, das wir später in einem Liederbuch aus dem Spanischen Bürgerkrieg fanden, bewies das: „… mit Tanks und mit Fliegern, so griffen sie an, wir hatten nur Mut und Gewehre …" hatte er geschrieben. Ich bewunderte ihn sehr.

Bluey Flannagan – Newcastle, 1950

Er war der Jüngste an Bord des alten Frachters „Aeon“, achtzehn Jahre alt, kräftig gebaut, breitschultrig, mit wirrem rotem Haar und Stoppeln. Und immer auf den Beinen, gewillt, alles anzupacken, was der Bootsmann ihm auftrug: Rost klopfen, pönen, Taue spleißen, was auch immer. Mich mochte Bluey, weil ich aus einer ihm fremden Welt kam und davon erzählen konnte. In den Arbeitspausen und nach Feierabend gesellte er sich zu mir, wobei wir ein ungleiches Paar bildeten, geeint nur durch Blueys Lust am Lauschen: Ich erzählte vom Duisburger Hafen, von Seeleuten dort und Hafenarbeitern, von Kranführern und Eisenbahnern auf Güterzügen, von Roter Front und Widerstand gegen Hitler, Sabotage und Flugblattaktionen, von Flucht, Verhaftungen, Lagern und Folterkellern und wie immer und überall Arbeiter sich aufbäumten, Zellen bildeten, den Nazis trotz tödlicher Gefahr die Stirn boten. „Erzähl noch mal, wie dieser Emil am Schornstein Losungen malt und unten die Schäferhunde kläffen und er dann doch den Häschern über die Dächer entkommt. Und wie es war mit dem Flugblattschmuggel von Holland nach Deutschland, oder wie Alfons die Brandbombe durchs Fenster schleudert und er die SA-Männer in die Flucht schlägt. Erzähl, erzähl, erzähl …“

Ich war ausgelastet mit Erfindungen, Bluey hörte gespannt zu, und nie kam ihm der Gedanke, dass ich selbst für solche Aktionen in Nazi-Deutschland viel zu jung war, ich von Glück sagen konnte, überhaupt entkommen zu sein. „Erzähl, wie es war in London unter Obdachlosen.“ Auch das tat ich – doch es war Bluey zu harmlos. Trotzdem ließ ich die Pogrome in Deutschland aus, die hätte er nicht begriffen, hier unter der Sonne Australiens, entlang der Küste und auf dem Pazifik unter strahlend blauem Himmel. „Erzähl noch mal von dem Trimmer

in Duisburg, der Braunbücher mit Kohle zuschaufelt und nachts frei buddelt, dann Stück für Stück an Land bringt." Auch das spann ich weiter aus, und Bluey lauschte unvermindert: Hatte ich das alles erlebt? Damn it all, das war doch was!

Viele Arbeitspausen füllte das aus, viele Feierabende, und manchmal redeten wir auch beim Landgang in den Kneipen. Bluey blieb neben mir, knallte Münzen auf die Theke, spendierte Bier, damit ich erzählte – und alles mündete in den Augenblick, als mich in Newcastle, wo an diesem Tag die „Aeon" vor Anker lag, der Bootsmann auf ein Wort ins Kabelgatt rief. „Sag mal", fing er an, „bist du in der Partei?" „Ist doch bekannt", erwiderte ich. „Richtig", sagte der Bootsmann und kratzte sich unter der Mütze. „Bloß, dass Bluey heute mit der Barkasse übergesetzt hat, um in Newcastle das Parteibüro zu suchen, weiß keiner außer mir." Ich staunte. „Dazu hab ich ihn nicht angestiftet", sagte ich, „würde ich auch nicht tun." „Richtig", sagte der Bootsmann wieder, „Trotzdem frage ich mich, wie Bluey dazu kommt – gerade mal achtzehn und mit wenig Erfahrung."

Doris Lindsay – Melbourne, 1951

Sie spielte in Melbournes New Theatre in Stücken von Arthur Miller und Clifford Odets und strahlte viel Weiblichkeit aus, man schaute hin und bewunderte sie. Ihr dichtes schwarzes Haar trug sie streng aus der Stirn gezogen und im Nacken verknotet, was ihr Gesicht freilegte: die Stirn, die hohen Wangenknochen, die dunklen Brauen über den blauen Augen, der sinnliche Mund. Oft zeigte sie ein gewinnendes, dabei selbstbewusstes Lächeln, das erkennen ließ: Sie wusste von ihrer Wirkung. Wie sie sich bewegte, die Füße setzte, dieser Gang, der das Körperliche betonte, Busen, Taille, Schenkel, offenbarte eine Frau in den schönsten Jahren. Sie faszinierte mich, auch wie sie beim Sprechen beredt die Hände gebrauchte. Keine ihrer Premieren versäumte ich, ich schrieb in der Presse über sie und ihre Wirkung. Davon erfuhr sie natürlich, es kam zur Begegnung, sie ließ mich spüren, dass sie frei war, frei von ihrer Ehe, ihrem Mann, frei aller Verpflichtungen. Und ich verhehlte ihr nicht, dass es bei mir nicht so war. Dagegen setzte sie all ihre Reize ein – und bald glaubte ich, immer und überall ihren Geruch zu atmen, er haftete an meinen Händen, blieb, wo meine Haut ihre Haut berührt hatte. Über lange Zeit bedrohte er meine Ehe. Und erst als ich erfuhr, dass sie ihren Mann verlassen und einen anderen erkoren hatte, der freier war als ich, verflüchtigte sich ihr Geruch, nahm ich ihn nicht länger wahr.

Bob Mansfield – Melbourne, 1951

Hochgewachsen, schlank, stets makellos in Maßanzügen, grau melierte Schläfen und wacher Blick. Dass er gedämpft sprach, hieß nicht, dass ihm es ihm an Autorität mangelte. Stücke, die unter seiner Regie im New Theatre Premiere hatten, waren allesamt erfolgreich. Die Schauspieler schätzten ihn, das Publikum mochte ihn, selbst Kritiker, die vom Repertoire wenig hielten. Bob Mansfields Wahl war politisch. Er machte keinen Hehl aus seiner Mitgliedschaft in der KP. Als ich ihn kennenlernte, trug er sich mit dem Gedanken, zum Film zu wechseln, speziell zum Dokumentarfilm. „Theaterarbeit engt mich ein, ich verpasse das wirkliche Leben."

Er plante die Gründung einer Produktionsfirma, hielt nach möglichen Mitarbeitern Ausschau – und ja: Ich käme infrage, könne nach Stoffen suchen, Vorschläge einbringen, Abläufe planen, und keinesfalls würde es schaden, wenn ich lernte, mit einer Kamera umzugehen, nicht unbedingt gleich mit einer Filmkamera, sondern vorerst mit einer Leica. Die könne er mir leihen. „Zieh los und fang das Leben ein – auf dem Markt, an der Wasserkante, wo immer …" Ich folgte seinem Rat. Er zeigte sich zufrieden mit meinen Anfängen: Obstverkäufer, Fischhändler, Fleischer, Bierkutscher, auch Kranführer, Hafenarbeiter und Seeleute auf Frachtern. Und alle bei der Arbeit in ihrem Umfeld. Wochen vergingen. Bob Mansfield ließ mich machen, er hielt mich hin, hielt alle hin, die er für sein Projekt geworben hatte. Die Theaterarbeit hatte er aufgegeben – ein Verlust für das New Theatre –, warum also gab es keinen Hinweis, dass es mit der Gründung seiner Filmfirma voranging? Beim Fotografieren an all den Schauplätzen waren mir Ideen fürs Dokumentarische gekommen. Bob Mansfield ging nicht darauf ein. Er schürzte die Lippen und

blickte in die Ferne. Mir war, als ginge ihn das alles nichts mehr an.

Bald entschwand er mir, wie er dem New Theatre, wie er allen entschwunden war, die mit ihm zu tun gehabt hatten. Ich gab das Fotografieren auf, wollte die Leica nicht länger, suchte Bob Mansfield und fand ihn erst, nachdem mir in der Melbourner Tageszeitung *Age* eine Notiz aufgefallen war: FORMER NEW THEATRE DIRECTOR ESTABLISHES A BOUTIQUE CALLED WITCHERY IN MELBOURNE CTY CENTRE. Wie, fragte ich mich, kommt Bob Mansfield zu einer Boutique – der rote Bob Mansfield! Ich machte mich auf die Suche. Und tatsächlich, in der Collins Street, im Herzen Melbournes, entdeckte ich eine Boutique mit dem Namen „Witchery": Hexerei! Was hinter der Glasscheibe ausgestellt war, wirkte exotisch, war bunt und behexend, und hatte (wie zu erkennen war) bereits zahlreiche Frauen angelockt. Umringt von Kundinnen entdeckte ich Bob Mansfield. Er sprach gedämpft, wie stets, was ich mitbekam, war gekonnter *sales talk*. Erst als ich winkend die Hand hob, sah er mich. Er wirkte irritiert, fing sich und setzte seinen Talk fort: „Meine Damen, seien sie versichert, die ‚Witchery' …" Mehr hörte ich mir nicht an, ich trat auf die Straße hinaus, und erst nach Tagen kam mir zu Ohren, was sich in der Melbourner Society längst herumgesprochen hatte: Bob Mansfield war in die Riege reicher Bekleidungsunternehmer vorgedrungen, er hatte eine Rebecca Blustein geheiratet, die Tochter des Konfektions-Millionärs Abe Blustein, und war zum geschäftsführenden Besitzer der „Witchery" geworden – jener Neugründung im City Centre. So be it, Bob, dachte ich, aber enttäuscht war ich doch. Ich hoffte, dass ich allein schon wegen der von ihm geliehenen Leica von ihm hören würde. Bob Mansfield meldete sich nicht mehr.

Lou Lennox – Melbourne, 1951

Mir war die Lust vergangen, dieses *A Workingman's Lenin* zu lesen, die Broschüre, die ein Kommunist am Hafentor verkauft hatte: Mein Gesicht schmerzte, mein linkes Auge war geschwollen und blau angelaufen. Mir reichte, was passiert war, und es half auch nicht, dass die gesamte Gang sauer auf Lou Lennox war. Zugegeben, er hatte im Affekt gehandelt, doch zu entschuldigen war das nicht. Eben noch hatten wir beide zusammengearbeitet, hatten mit dem Schauerhaken Wollballen auf Schubkarren gehievt und durch den Laderaum des Frachters gezerrt: harte Arbeit, die, wenn wir zügig weitermachten, noch vor dem Feierabend getan sein würde. Also hatten wir uns rangehalten. Lou war ein Prachtkerl, stark, geschmeidig und geschickt. Nichts konnte ihn schrecken, nichts schien ihn zu ermüden, nach fünf Stunden Schufterei war er so frisch wie zu Anfang. Er schwitzte nicht, weder unter den Achseln noch am Rücken, sein Hutband blieb trocken, er pfiff sich eins bei der Arbeit und verstaute die Wollballen passgenau. Trotz seiner Jugend machte er das besser als die erfahrensten Schauerleute. Er handhabte die Wollballen nicht bloß passgenau, er schob sie auch kraftsparend in die gewünschte Richtung, so lange sie noch am Kranhaken hingen. Mit seinen zwanzig Jahren war er ein geübter Schauermann. Und geradezu hirnrissig war, wozu er sich dann hatte hinreißen lassen. Einen kurzen Augenblick verschnaufend, hatte ich mich über einen Wollballen gebeugt, mit dem Rücken zu ihm, und er hatte diese verdammte Broschüre in meiner Gesäßtasche entdeckt, *A Workingman's Lenin*. War ich von Sinnen, nicht ganz dicht, muss er gedacht haben, denn er riss mir das Heft aus der Hose. „Nice work“, schrie er, „another fucking Red on the waterfront.“ Mich packte die Wut. Was scherte ihn mein Lesestoff?! Ich drehte mich zu ihm um:

„Do you want to make something of it?“, schrie ich zurück, als gelte es, Lenin zu verteidigen. Darauf hatte ein Lou Lennox nur eine Antwort. Er holte aus und boxte mir aufs Auge, dass ich wegsackte – und für den Rest der Schicht ausfiel. Erst am nächsten Morgen sah ich ihn wieder. Grinsend stand er vor mir und hielt mir die Hand hin. „Sorry, mate“, sagte er. „You didn't leave me no choice!“ Ich schlug den Handschlag aus. Von wegen keine andere Wahl, dachte ich – die hatte er sehr wohl.

Ralph Gibson – Melbourne, 1952

Zerknitterter Anzug, zerknitterter Hemdkragen und unterm Kragen immer dieser fadenscheinige Schlips – Ralph Gibson, vierzig Jahre alt oder fünfzig, sein Alter war schwer zu bestimmen. Forscher Schritt, schlanker Wuchs, schütteres Haar, das ihm bei jedem Windhauch um die Stirn blies. Er war Geschichtsprofessor gewesen, Sohn aus einer Dynastie alteingesessener Melbourner Akademiker, die rund um die Universität zwischen Parkville und Carlton ihr Zuhause hatten. Als unsere Wege sich kreuzten, war er schon seit Jahren ein hauptamtlicher Funktionär mit maßgeblicher Verantwortung in der Leitung der Kommunistischen Partei, Theoretiker, Redner auf Foren und an Sonntagnachmittagen auf der Yarra Bank, einer Wiese am Fluss, wo die Arbeiter zusammenkamen und er mit der Zeit zu einer regelrechten Einrichtung geworden war – kein Tribun, keiner von jenen robusten australischen Gewerkschaftsführern, sondern ein Intellektueller aus dem Bürgertum, der getreulich der Arbeitersache diente. Für jedermann, das merkte auch ich sehr bald, hatte er Zeit und Ohr und kam dabei meiner Vorstellung von Lenin nahe. In seiner Erscheinung, seiner Haltung waren Ähnlichkeiten mit dem Russen zu erkennen, er wirkte wie aus dem gleichen Holz geschnitzt. Unterm Arm trug er überallhin eine Aktentasche, die so abgewetzt wie sein Anzug war und die er auf dem Podium am Rednerpult vor sich hinzulegen pflegte, um notfalls darin nach einer Notiz oder Pressemeldung suchen zu können. Unterbrechungen sahen ihm die Arbeiter geduldig nach – „Lass ihn, was der auskramt, macht Sinn. Da ist Verlass drauf …“

Verlass war auf Ralph Gibson nicht bloß bei Recherchen. Wer, wenn nicht er, hatte sich die Schuhsohlen durchgelaufen, um für die jüngst gegründete

Australasian Book Society, den australischen Arbeiter-Buchklub, Spenden einzutreiben. Und es sprach für ihn, dass ihm das sogar unter Geschäftsleuten gelang, die aus Litauen und Polen eingewandert waren und in seinem Wohnbezirk Carlton mit Kleidern und Schuhen handelten, mit Lebensmitteln und Gebrauchtwaren, und von denen kaum einer die Landessprache beherrschte, allesamt also mit englisch geschriebenen Büchern wenig im Sinn haben konnten. Sie gaben Gibson Geld, weil sie ihn für redlich hielten und seinen Ratschlägen vertrauten, und sie lächelten bloß, wenn er ihnen versicherte, dass Bücher Lebensmittel seien – *food for thought.* Seine Aktentasche mit den Broschüren des Buchklubs brauchte er nicht erst zu öffnen: „Schon gut, Mr. Gibson – lassen Sie's nur." Ein Menschenfreund, der Mann, sagten sie sich, für wen hatte der sich nicht schon eingesetzt? Warum also nicht auch für Schreiber und Bücher?

Die größte Spende trieb Ralph Gibson bei einem Jacov Meir ein, der aus dem polnischen Czerniewice stammte, einem Hersteller von Damenblusen und Zulieferer von Boutiquen, der sich nun Jake Myer nannte und eine Schwäche für Literatur hatte. „Sie sammeln für Schreiber", hatte der Mann ihn gefragt, „auch jiddische?" „Das nicht. Aber ein jüdischer ist dabei." Und Ralph Gibson hatte von mir erzählt, meiner Flucht vor den Nazis, dem Schicksal meiner in Deutschland zurückgebliebenen Eltern und dass ich einen Roman aus jener finsteren Zeit geschrieben hatte. „Jüdisch, aber nicht in Jiddisch", hatte Jake Myer gefolgert und bedauernd den Kopf gewiegt. Auch Ralph Gibson hatte den Kopf gewiegt und den anderen nicht weiter bedrängt. „Reden ist Silber, Schweigen ist Gold", hatte Jake Myer bemerkt. „Sie reden mir nichts ein – und das ist Gold wert." Doch dass die Goldmünze, die er dann aus der Westentasche zog und Ralph Gibson zusteckte, hun-

dertundzwanzig Pfund bringen würde, was damals ein kleines Vermögen war, hatte weder Ralph Gibson noch sonst wer vom Buchklub sich träumen lassen.

Lilli Williams – Sydney, 1954

Ich mochte Sydney mit all den Buchten und prächtigen Stränden am Meer und den grandiosen Hafen, doch dass ich dorthin umzog, ich unsere Wohnung am St. Vincent Place in Melbourne aufgab, hatte nicht zuletzt mit einer Frau zu tun. Sie war nicht schön, aber anregend und weltgewandt, war um einiges älter als ich und so kundig in Dingen der Liebe – ich hätte erkennen müssen, dass es ihr an Männern nie gefehlt hatte und nie fehlen würde. Ich wollte mich da nicht einreihen – und doch: Ich ließ mich in ihre Nähe locken, in eine Wohnung in Potts Point, hoch über dem Hafen, mit Blick auf Sydneys berühmte Brücke. Wegen Lilli Williams stellte ich mich um auf Sydney als Tor zur Welt und heuerte von dort als Seemann auf Südseefrachtern an. Cherchez la femme! Lilli Williams hatte zu verführen gewusst, zu dienen, zu manövrieren, zu organisieren, hatte die Wege ins Verlagswesen ebnen können. Immer hatte sie Männer einzufangen gewusst, deren sie sich rühmen konnte – zu diesen gehörte schließlich auch ich für eine Spanne Zeit.

Mein erster Roman war von der Kritik gelobt worden und hatte für australische Verhältnisse beträchtliche Verbreitung gefunden. Ich war zu Lesungen eingeladen worden, sie waren gut besucht gewesen, und letztlich wurde ich zu einer groß angelegten antifaschistischen Veranstaltung in Sydneys Town Hall gebeten, wo ich einer der Sprecher sein sollte. Die Veranstaltung hatte die Unterstützung linker Gewerkschaften, Seeleute, Hafenarbeiter, Bergmänner, Eisenbahner und die der KP. Nie zuvor hatte ich in Australien so viele Menschen politisch vereint gesehen. Im Saal herrschte Spannung, die Stimmung war erwartungsvoll, und irgendwie war mir, als würde ich auf dem Weg zum Podium wie auf Händen getragen. Als ich vorn am Mikrofon hoch über der Menschenmenge stand,

versagten sich mir die Worte, meine Kehle war trocken, es dauerte, bis ich mich fing, sich tief aus meinem Unbewussten Erinnerungen kristallisierten, ich plötzlich Begebenheiten aus dem Deutschland der Nazis bildhaft zu schildern vermochte. Ich begann die geballte Aufmerksamkeit im Saal zu spüren, ein großes Entgegenkommen, großes Verständnis, erkannte, dass das, was ich beschrieb, alle anging, sie alle es hören wollten – und als ich mit den Worten „the gun, the whip and the gallows“ endete, ich warnend von Gewehr, Peitsche und Galgen sprach, brach tosender Applaus los. Im Saal erhoben sich die Leute und applaudierten, bis ich meinen Platz gefunden und mich gesetzt hatte. Und es war Lilli Williams, die immer wieder sagte: „Du warst fabelhaft, fabelhaft!“ Ab da wich sie nicht von meiner Seite, begleitete mich zum Empfang, und sie bestand darauf, dass ich bei ihr übernachtete. „Wirst nicht in ein einsames Hotelzimmer ziehen, heute doch nicht, an einem Tag wie heute …“ Ich zog in kein Hotel. Nach Melbourne zurückgekehrt, plante ich den Umzug in eine Wohnung am Potts Point in Sydney, unweit der Wohnung von Lilli Williams.

Things happen. Ja, Dinge passieren, und wenn ich es damals auch nicht so sah, später erkannte ich: Ich fuhr nicht bloß wegen fremder Welten zur See, es war auch eine Flucht aus dem Ehealltag. Es geschah in den wenigen Stunden zwischen Ankunft und Abfahrt unseres Frachters und ist mir seitdem ein Wunder geblieben.

Ans tasmanische Hobart erinnere ich mich nur vage. Da war der Hafen und in der Ferne erstreckte sich blassblau eine Bergkette. Als ich die Gangway zum Pier hinunterstieg, hatte ich nur Augen für die Frau dort unten, eine Frau ganz in Weiß mit blondem Haar, schön gewölbter Stirn und dunkelblauen Augen. Ihr Gesicht, ihre schlanken Arme und Beine waren von der Sonne gebräunt. Sie stand still und aufmerksam dort, als warte sie auf jemanden. Sie lächelte mich an, ich erwiderte ihr Lächeln, und sofort war da eine Affinität, ein wechselseitiges Erkennen, dass meine Pläne für den Landgang wie Rauch im Wind vergingen. Wir sprachen kaum, wir waren uns ohne Worte nah. Gemeinsam, als sei dies verabredet, strebten wir zum Hafenausgang, es war wie ein Neubeginn nach langer Trennung. Vor den Toren war ihr Sportwagen geparkt, ein offener MG, und als wir davonfuhren, blies ihr der Wind das Haar aus der Stirn. Der Wind war mild, kleine Wolken segelten im Blau des Himmels, und in den Buchten, an deren Ufern wir entlangfuhren, segelten Yachten. Die weiße Villa am Strand leuchtete in der Sonne. Sie fuhr den Wagen in die Einfahrt, zog den Zündschlüssel und sah auf ihre Uhr am Handgelenk. Sie wusste, ich hatte nur wenige Stunden, und sagte: „Machen wir die Zeit zu einem Geschenk. Darauf hoffte ich schon, als du am Hafen auf mich zukamst.“ Wir berührten uns. Ich küsste sie auf den Mund. Ihre Lippen öffneten sich weich. „Du gehörst mir nicht, ich weiß das“, flüs-

terte sie. „Und du nicht mir", gab ich zur Antwort. „Jetzt doch", widersprach sie leise.

Drinnen, in der Wohnküche, war erkennbar, wie ihr Morgen sich angelassen hatte – Frühstück zu zweit und hastiger Aufbruch. „Wann kommt er zurück?", fragte ich. „Er ist Steuermann auf dem Fährschiff nach Melbourne, das läuft erst morgen wieder ein." Sie öffnete eine Flasche Wein, schenkte ein, reichte mir das Glas. „Auf uns", sagte ich. Erst jetzt erfuhr ich ihren Namen, und sie erfuhr meinen. „Daphne", sagte ich. Sie sah mich an. „Wunder geschehen", sagte sie.

Im sonnenbeschienenen Garten war es warm. Die überm Gras ausgebreitete Decke war warm und weich. Daphne beugte sich über mich, küsste meine Augen, meinen Mund, meinen Hals, küsste meinen Körper, sah mich an, wie um zu erforschen, was ich empfand. Wir liebten uns. Unsere Stunden waren lang, waren kurz. Und in mir bleibt, wie sie in der Dämmerung im weißen Kleid am Pier steht, ihr Haar im Wind, sie zur Schiffsreling zu mir hochblickt, bis der Frachter das Meer gewinnt und wir uns aus den Augen verlieren – ein Abschied nach kurzer Begegnung, *too brief an encounter*, begrenzt wie die Stunden, die uns geschenkt waren.

Kreuz und quer und in der DDR

Maria – Neapel, 1955

Sonne über Neapel, blau und wolkenlos wölbt sich der Himmel, und ich, gelandet an Bord der „Neptunia", hocke auf der Kaimauer und blicke übers Meer. Ich spüre, dass sich neben mir etwas regt, ehe ich mitbekomme, dass da jetzt ein Mädchen sitzt – lautlos wie eine Katze ist sie aufgetaucht. Sie lächelt mich an. Ihr dunkles, dichtes Haar ist wirr, ihre Augen sind schwarz wie ihr Haar, ihre Lippen rau. All das sehe ich, und dass ihr Baumwollkleid schlicht ist, verwaschen und abgetragen. Ihre Füße stecken in Gummilatschen, abgetragen wie das Kleid. Was sie sagt, verstehe ich erst, als sie es mit wenigen Brocken Englisch versucht: „What country?", „How long you here?" Ich sage es ihr. „Australia, oh!", sagt sie. „Good place." Wir schweigen beide und hören das Meerwasser sanft gegen die Kaimauer schwappen. „Australia nice!", sagt sie noch. Woher will sie das wissen, frage ich mich „You me help Australia?", fragt sie. Keine fünf Minuten sitzen wir hier und sie will meine Hilfe. „Forget it!", sage ich, und weil das zu schroff klingt, versuche ich ihr zu erklären, dass ich eben erst angekommen und nicht auf dem Weg nach Australien bin. Sie scheint das zu begreifen. „Later", sagt sie. Sie sieht mich bittend an, greift sich mit beiden Händen unters Haar und löst den Verschluss ihres Kettchens. Sie hält es mir hin. Es schimmert golden in der Sonne. „For you. You help me Australia." Sie legt mir das Kettchen übers Handgelenk. „What's wrong with Napoli?", frage ich sie. Als ich ihr das Kettchen zurückgeben will, legt sie es mir wieder übers Handgelenk. „You keep. You help Maria. Napoli no good." Nun, da ich ihren Namen weiß, schleicht sich ein Hauch von Nähe ein. Mädchen, denke ich, du hast dir den Falschen ausgesucht. Sie legt mir die Hand auf den Schenkel, macht eine Geste mit Zeigefinger und Daumen. „I do it free. For you", sagt sie. Das Kett-

chen habe ich ihr in den Schoß fallen lassen, ihre Hand von meinem Schenkel gelöst. „Maria", sage ich, „Napoli fine – Australia far, far." Ich zeige in die Ferne. „No", sagt sie, „Australia good. You help." Den schrillen Pfiff hören wir beide, sie erschrickt, zieht die Schultern ein. Der Mann da vor uns hat Arme wie ein Ringer, breite Schultern, stämmige Beine, er packt Maria und zerrt sie von der Mauer, stößt sie vor sich her … und ich, neu in Neapel, bleibe tatenlos.

Fritz J. Raddatz – Ostberlin, 1955

Er war damals erst vierundzwanzig, hatte aber längst in der Verlagswelt einen Namen. Der Vorwurf, den er mir machte, war durchaus berechtigt. Greenhorn, das ich war, hatte ich aus Australien an den Verlag Volk & Welt ein Schreiben geschickt, dass sich einer seiner Lektoren meiner angenommen, für meinen von Volk & Welt abgelehnten Roman einen neuen Verlag gefunden und auch schon eine Verfilmung durch Wolfgang Staudte in Aussicht habe. Kurzum, man brauche sich für mich nicht länger zu verwenden. Hirnrissiger ging's nicht, zumal der von mir erwähnte Lektor nur Fritz J. Raddatz hatte sein können. Und nun stand just der am Bahnhof Friedrichstraße vor mir, wo ich aus Warschau angekommen war: schlank und sportlich, mit dunkler Hornbrille, das Haar aus hoher Stirn zurückgekämmt und mit langem Wollschal um den Hals. Es war Winter, unser beider Atem ging sichtbar, ich fror in meinem allzu leichten australischen Anzug und war froh, dass ich meinen Koffer nur bis zum nahen Albrechtseck zu tragen brauchte, wo Volk & Welt eine Unterkunft für mich gefunden hatte. So kulant immerhin hatte sich der Verlag gezeigt. „Wie konnten Sie nur", ließ sich Fritz J. Raddatz vernehmen, kaum dass ich mich im Zimmer umgesehen hatte. Ich wusste, was auf mich zukam. Wohl war mir nicht. „Pure Idiotie", kam ich Raddatz zuvor, „von wegen, ehrlich währt am längsten." „Höchst verfehlt in diesem Fall", sagte Raddatz, „hat mir eine Menge Ärger eingebracht." „Was ich sehr bedaure", sagte ich. Er unterbrach mich. „Und was alles noch Sie bedauern werden", meinte er, und gab mir einen Umschlag. „Hier", sagte er, „das Gutachten." Ich überflog den Inhalt. „Dass man Ihnen einen total neuen Handlungsstrang für diesen Gerhart Winkel abverlangt, halte ich weiterhin für verfehlt", fuhr Raddatz fort. „Von wegen, dass nicht

sein kann, was nicht sein darf. Als ob Widerstandskämpfer nicht auch ihrem Herzen gefolgt waren, statt immer und überall den Regeln der Konspiration. Dieser Gerhart Winkel ging in die Falle, weil er glaubte, den jüdischen Anwalt unbedingt vor der Rückkehr nach Deutschland warnen zu müssen." „Eben", sagte ich. „Wenn Sie das änderten, würden Sie den Mann beschädigen – und nicht zuletzt auch Ihren Roman." „Sehe ich auch so", sagte ich. Er sah mich an, nicht gänzlich überzeugt. „Wie Sie sich auch entscheiden, ich bin da raus", sagte er noch. „Bin heute bloß der Überbringer der tristen Nachricht." Ich schwieg. Er reichte mir die Hand und verließ mich mit der Gewissheit, dass ich durch meine verdammte Offenheit mehr als nur einen Lektor verprellt hatte – auch den Neustart in dem einen wie dem anderen Deutschland hatte ich mir erschwert.

Walter Czollek – Ostberlin, 1955

Geschlagene zweiundsechzig Jahre lang habe ich Walter Czollek die Ablehnung meines Romans *Stimmen im Sturm* nicht verziehen, und gleich gar nicht, dass er damals Fritz J. Raddatz zur Rechenschaft zog, als der das Buch anderswo unterbringen wollte und auch schon eine Verfilmung auf den Weg gebracht hatte.

Mein Besuch bei Volk & Welt mutet mich bis heute wie ein Gang nach Canossa an. Nicht, dass der Verlagsleiter erwartete, dass ich mich einsichtig oder gar unterwürfig zeigte – und doch wurde es ein missliches Treffen. Wieder äußerte Czollek, auffällig leise und höflich, die längst schriftlich an mich gerichteten Bedenken über einen bestimmten Handlungsstrang im Roman, was aber seinen Cheflektor Raddatz anging, gab er sich unerbittlich. Der habe ohne sein Wissen gehandelt, was, so meine ich noch immer, kein so beckmesserisches Verhalten gegen den Erstling eines jungen Autors rechtfertigte. Das kam einem Tiefschlag gleich, einem zu scharfen Urteil. Schließlich wusste der Verlagsleiter, was es über meine Herkunft und meinen Werdegang zu wissen gab. Czollek, klein, untersetzt, mit den Jahren ergraut und weit erfahrener als ich, auch im Politischen, hörte sich meine Einwände gegen seine Einwände geduldig an und berief sich am Ende auf die kollektive Entscheidung seines Lektorats: „Mit Ausnahme der von Raddatz“, betonte er. „Der“, ließ ich ihn wissen, „aber keineswegs der Ansicht war, dass nicht sein kann, was nicht sein darf.“ „Wie, bitte sehr, soll ich das verstehen?“, fragte Czollek. Ich erklärte es ihm und fragte ihn, warum er einem deutschen Kommunisten die Entscheidung absprach, einen Juden gegen die Gefahren zu warnen, die ihm bei der Rückkehr aus Amsterdam nach Nazi-Deutschland drohten. „Weil das gegen alle Regeln der Konspiration verstoßen hätte“, sagte Czollek. „Sol-

che Regeln zu missachten, war lebensgefährlich – das hat mich meine Zeit im Lager gelehrt.“ Ich wusste von seiner Lagerhaft, und die Erwähnung gab mir zu denken. „Herr Czollek“, sagte ich, „auch bei Ihnen wird es Entscheidungen gegeben haben, die Gewissensentscheidungen waren, die ausschließlich den Geboten des Herzens gehorchten – oder irre ich mich da?“ Er zögerte kurz. „Das lassen wir mal beiseite“, sagte er. „Wir sprechen über die Regeln der Konspiration, und die waren mit dem Blut der Genossen geschrieben. Eherne Regeln. Das hätte Ihr Roman deutlich machen müssen – als Lehre für jedermann.“ „Ein Roman ist kein Lehrbuch“, entgegnete ich. „Hätte ich Gerhart Winkels Warnung an den jüdischen Anwalt gestrichen, so wie Ihr Lektorat das wollte, die gesamte Handlung des Romans wäre kollabiert – wie ein Spinngewebe beim Entfernen eines Fadens.“ „Guter Vergleich“, sagte Czollek, „geradezu literarisch. Doch was soll's – der Roman war für uns so nicht vertretbar.“ „Und da tratet ihr ihm auf die Kehle“, antwortete ich bitter. „Aber, aber“, rief Czollek, doch da war ich schon aufgestanden und im Begriff zu gehen …

Miriam Salganik – Moskau, 1955

Sie nannte sich Mariam, hieß eigentlich Miriam. Ihre Herkunft wollte sie verbergen. Seit zwei Jahre zuvor jüdischen Ärzten der Tod Stalins angelastet worden war, hatte sie viel Antijüdisches erfahren. Sie war zierlich, mit dunklem Kraushaar, war von schlichtem Äußeren. Ihre Ringelsöckchen und Halbschuhe mit flachen Absätzen verliehen ihr etwas Schulmädchenhaftes. Dabei war sie schon etliche Jahre mit einem Japanologen verheiratet. Ihre Teilzeitarbeit als Dolmetscherin für den Moskauer Schriftstellerverband tat sie gewissenhaft, war freundlich und so informativ, wie es die Umstände erlaubten.

Stets war sie zur Stelle: bei Museumsbesuchen, Besuchen der Landwirtschaftsausstellung. Sie dolmetschte gewissenhaft, wenn Journalisten mich interviewten, auch bei Verlagsbesprechungen, und sie fehlte bei keinem der Theater-, Opern- und Ballettabende, die mir geboten wurden. Pünktlich tauchte sie im Hotel Moskau mit den Eintrittskarten auf und begleitete mich anschließend ins Bolschoi-Theater. „Ich tu's gern", sagte sie. Was dort zu erleben war, schien für sie so anregend wie für mich. Wäre ich auch manches Mal gern allein gegangen, sie blieb durchweg präsent. Lediglich an meinem letzten Abend in Moskau händigte sie mir beide Karten für das Ballett *Romeo und Julia* aus und entschuldigte sich. Sie wolle bitte ihren Mann verabschieden, der für längere Zeit nach Japan delegiert worden sei. „Kein Problem", versicherte ich ihr. „Wirklich nicht?" „Seien Sie unbesorgt", sagte ich. Am folgenden Tag jedoch wurde mir für die Reise nach Leningrad ein junger Mann namens Alexander Semjunow zugeteilt, weil – so seine Erklärung – notfalls er und ich ein Doppelzimmer belegen könnten, was mit einer weiblichen Begleitperson ja nicht ginge. Das leuchtete mir ein, bis irgendwann Semjunow bemerkte, Miriam Salganik sei

wegen Pflichtverletzung entlassen worden. „Wie das?" „Nun", sagte Semjunow, „war sie an Ihrem letzten Moskauer Abend dabei oder nicht?" Ahnend, wohin das führen konnte, sagte ich: „Selbstverständlich war sie dabei." Da sei er anders informiert, meinte er.

Nach Moskau zurückgekehrt, sprach ich Boris Polewoi, den Vorsitzenden des Schriftstellerverbandes, auf Miriam Salganik an. „Wer sagt denn, dass sie entlassen wurde?", fragte Polewoi. Er wirkte beherrscht, gab sich keine Blöße. Ich aber beharrte weiter, sagte ihm, ich schätze ihn sehr wegen seines Romans *Der wahre Mensch* und dass er selbst gewiss ein solcher Mensch sei und darum Verständnis für mein Anliegen haben würde. „Geben Sie Frau Salganik eine zweite Chance." Polewoi sah an mir vorbei. Er zögerte eine Weile, ehe er zum Telefon griff. Was er anordnete, erschloss sich mir erst, als am gleichen Abend Miriam Salganik im Hotel erschien und mir mit Tränen in den Augen zuflüsterte: „Das vergesse ich Ihnen nie. Niemals!"

Inge Henrich – Petzow, 1957

Ich hörte, dass draußen in der Halle nach mir gefragt wurde, mit einer angenehm jugendlichen Stimme, wenig später kam die Frau in den Gemeinschaftsraum und stellte sich mir vor: „Inge Henrich." Sie sei vom Rat des Bezirkes Potsdam, erklärte sie; dass sie Stellvertretende des Vorsitzenden war, sagte sie nicht. Ich hielt sie für weit jünger als mich selbst, ein Irrtum wie sich zeigte, und war angetan von ihrer natürlichen Art. Was wohl brachte sie ins Schriftstellerheim? Sie erklärte es nicht gleich, fragte, ob ich gut untergekommen sei und ob meine Arbeit voranginge. „Beides", versicherte ich ihr. Vom Vorsitzenden des Verbandes habe sie erfahren, dass ich meine Frau aus Australien erwarte, und sie wollte wissen, ob dies noch der Fall sei. Mein Zögern verunsicherte sie merklich. Mir widerstrebte, ihr den Abschiedsbrief zu erklären, den ich Barbara nach Sydney geschrieben hatte, der entweder nie angekommen war – oder meine darin geäußerte Bitte, mir vorerst nicht nachzureisen, war irgendwie untergegangen. „Es sieht so aus, als käme sie in Kürze", sagte ich. Inge Henrich strahlte. „Wie schön für Sie! Da kann ich ja gleich mit der guten Nachricht kommen – nämlich, dass Ihnen vom Rat des Bezirkes ein leer stehendes Haus angeboten werden könnte. Hätten Sie Lust, sich das anzusehen?", fragte sie erwartungsvoll, besann sich dann aber: „Es muss nicht gleich sein. Kann alles auch warten." „Nein, gerne", sagte ich, man meinte es schließlich gut mit mir. Von meinen Ehekonflikten schien niemand zu ahnen. Ich hörte die Frau sagen: „Wir freuen uns, Ihnen beiden in unserer DDR ein Zuhause bieten zu können." Deutlich erfüllte sie nicht bloß einen Auftrag, sie lebte ihn. „Nun, was meinen Sie? Wollen Sie nicht doch einen Blick auf das Haus werfen?" In Duisburg, dachte ich, hatten sie dir den Zugang zu deinem Elternhaus verwehrt, das den El-

tern genommen worden war, ehe man sie ermorden ließ, hier bietet man dir ein Zuhause an. Ich wollte mich Frau Henrich irgendwie erkenntlich zeigen, indem ich sie zum Nachmittagtee einlud, ehe wir uns auf den Weg machten. Sie aber lehnte ab, wollte den Fahrer nicht warten lassen: „Er wartet schon jetzt reichlich lang.“

Es war ein warmer Frühlingsnachmittag, ich folgte ihr so, wie ich war, zur Auffahrt des Heims, wo der Dienstwagen parkte. Der Fahrer öffnete die Verschläge, wir stiegen ein. „Auf geht's“, rief sie fröhlich, und nach einer Weile bot sie an, dass wir uns duzten. Sie wisse sehr wohl, wer Lance Sharkey sei, und wen der ankündigte, der sei willkommen. Ich war erstaunt: Von dem Begleitschreiben, das ich verwahrte – einige handschriftlich festgehaltene Zeilen auf hauchdünnem Luftpostpapier mit dem Logo der KP Australiens – hatte ich nie Gebrauch gemacht. Was da stand, musste auf wundersame Weise zum Rat des Bezirkes in Potsdam gelangt sein: „A comrade in good standing … we wish him luck in his travels and success in his work. Lance Sharkey …“ Dass sie Kunde von diesem Begleitschreiben hatte, wunderte und erfreute mich zugleich. „Solidarity across the oceans of the world“, sagte ich lächelnd. Das verstand sie sehr wohl. Sie lächelte zurück.

Ursula von Gräwitz – Petzow, 1957

Es ging das Wort, sie sei die Tochter eines ranghohen Wehrmachtsoffiziers, der in Stalingrad in russische Gefangenschaft geraten war, sich dort zur Mitverantwortung für die Verbrechen der Wehrmacht bekannt hatte und dem Nationalkomitee Freies Deutschland beigetreten war. Ihr Aufenthalt im Schriftstellerheim war von dem Verlag beantragt worden, der sie mit der Herausgabe der Erinnerungen ihres Vaters betraut hatte. Bei Tisch, im Speisesaal, hatte sie sich schlicht als Ursula Gräwitz vorgestellt. Später hörten wir, sie sei von jeher eine *von* Gräwitz gewesen. Ich schätzte sie auf unter dreißig, eine herbe Schönheit, schlank, blond, mit klaren blauen Augen, leicht gebogener Nase und schmalen Lippen. Das Foto ihres Vaters, das der Heimleiter in einem vergilbten Journal entdeckt hatte, wies markante Ähnlichkeiten auf – die Augen, die Nase, das Profil.

Ursula Gräwitz suchte meine Nähe, und was sie mir mit der Zeit über meine Vergangenheit entlockte, musste in ihr eine besondere Empathie geweckt haben: ein Vertriebener, ein jüdischer Junge, den es im Krieg bis nach Australien verschlagen und der sich am Ende für dieses Deutschland entschieden hatte. Das wird sie berührt, sie in jener Nacht lange wachgehalten haben. Mehr noch: Es hatte sie dazu gebracht, sehr behutsam mein Zimmer zu suchen, dort lauschend zu verharren, bis sie endlich die Klinke drückte und eintrat. Ich setzte mich auf. Das Buch, das ich las, ließ ich zu Boden gleiten. Schwach umrissen im Halbdunkel, verharrte sie im Türrahmen, das blonde Haar fließend bis zu den Trägern ihres Nachtgewands. „Ursula …“ Sie legte den Finger an die Lippen, leise drückte sie die Tür hinter sich ins Schloss, kam auf mich zu, streifte die Slipper ab und legte sich zu mir. Sie sagte kein Wort, flüsterte nichts. Als ich sie berührte, er-

zitterte sie. Es war, als fröre sie. Im Schein der Leselampe hoben sich ihre Konturen unterm Nachtgewand ab, ihre Schultern, die Spitzen ihrer Brüste. Sie wandte sich zu mir, wirkte gelöster jetzt, ihr Ausdruck weicher. Ich strich ihr übers Haar, die Stirn, die Lippen, streifte sanft ihre Brüste. Sie warf die Arme um mich. „Ich will dich küssen, lass dich küssen. Versteh das, bitte versteh das." Mir war, als opfere sie sich, um Abbitte zu tun, *für das, was wir euch angetan haben.* „Ursula", sagte ich, „als der Spuk zu Ende ging, warst du noch jung … viele Jahre zu jung."
„Nicht wirklich", flüsterte sie, „die Zeit der Unschuld war vorbei."

Waren es die Folterer der Gestapo, war es ein Unfall – ich erfuhr nicht, wie er das eine Auge verloren hatte. Davon sprach er nicht. Auch nicht von seinem Wirken im Widerstand gegen die Nazis. Noch, wie es zu der Verhaftung gekommen und was ihm bei den Verhören angetan worden war. Er war selbstlos und zurückhaltend. Seine Tüchtigkeit offenbarte sich im Erfolg des Verlages, den er leitete: Immer mehr junge Leser griffen zu den Büchern, die dort erschienen.

Mir begegnete Bruno Peterson im Jahr 1955 bei den Weltjugendfestspielen in Warschau – ein schmächtiger Mann, der leise sprach und aufmerksam zuhörte. Sein künstliches Auge fiel erst auf, wenn er zum Taschentuch griff, um das Auge zu trocknen. Er zeigte Interesse an mir weniger wegen des Literaturpreises, der mir in Warschau zugesprochen worden war, sondern wegen dem, was er in mir sah. Er würde gern mehr von mir lesen, und da ich von weit her käme, wolle er sich dafür einsetzen, dass ich zum bevorstehenden Schriftstellerkongress in Ostberlin eingeladen werde. Er fragte nach meinen Plänen und wie er mich später erreichen könne – und wirklich, er erreichte mich in Moskau, in Leningrad und später auch in Warschau, wohin ich nach einer Reise durch die Sowjetunion zurückgekehrt war.

Als wir uns in Berlin neu begegneten, ich ihn im Verlag aufsuchte, hatte er meine Duisburger Erzählungen über Kindheit und Jugend schon im Programm, von einem einfühlsamen Übersetzer aus dem Englischen ins Deutsche übertragen. „Er sprach von Ihrem Buch, als hätte es der eigene Sohn geschrieben", sagte er, griff zum Taschentuch, lächelte entschuldigend und wischte das künstliche Auge trocken. Er erkundigte sich nach meinen Eindrücken vom Berliner Kongress, und als ich ihm sagte,

ich sei seitdem am Albrechtseck, nur ein paar Schritte vom Berliner Ensemble, untergekommen, nickte er. Er wusste das längst, schien all die Zeit über mich im Bilde gewesen zu sein. Wenige Monate später trafen wir uns unweit des Albrechtsecks im Restaurant Ganymed wieder. Dort legte er ein Signalexemplar meiner Erzählungen auf den Tisch. „Ich bin gekommen, um das zu feiern", sagte er. Dass ein Verleger eines meiner Bücher feierte, war neu für mich – es war Balsam für die Seele, nichts weniger …

Lukas Slomka – Jesenik, 1957

Ich sehe ihn vor mir, als wäre ich erst gestern und nicht vor Jahren auf ihn gestoßen – ein alter Mann in den Sechzigern mit buschigen Brauen und weißem Haar, der gekrümmt ging wie unter einer Last und der mit ziehendem Atem sprach. Es kostete ihn Überwindung, auf Deutsch zu antworten, und erst, als er mehr von mir und meiner Vergangenheit wusste, sagte er seinen Namen und bot an, mich durch den Wald auf den Weg zu bringen, der mich zu dem entlegenen böhmischen Dorf führen würde. Ehe wir die Lichtung erreichten, von wo aus Dächer und eine Kirchturmspitze zu erkennen waren, hatte ich erfahren, dass er seit Kriegsende allein und nur auf sich gestellt in einem im Wald verborgenen Blockhaus lebte und sich um das Rotwild kümmerte, besonders im Winter zur Zeit der Futterknappheit. Nein, nicht das Alter, auch keine Krankheit habe ihn so gebeugt, sondern Hiebe – fünfundzwanzig Peitschenhiebe im Lager Buchenwald ...

Warum bloß erzähle ich das alles erst heute? Wer aus der Schar von Häftlingen, die dieser Mann vorm Hungertod bewahrte, wird noch bezeugen können, was er mich in knappen Worten wissen ließ: Wie ihm damals im Lager, weil er von Beruf Tierpfleger war, die Betreuung eines Menschenaffen aufgetragen worden war, den der Lagerkommandant sich hielt: einen zottigen, rotbraunen, schon betagten Orang-Utan. „Ein wählerisches Vieh und so gefräßig", sagte er, und dann zählte er auf, was täglich für den Affen herangeschafft werden musste. „Gemüse, Bananen, Apfelsinen, Säfte und gesüßter Tee, Reispudding und Marmelade. Und immer auch ein Ei. „Sie werden sich denken können, was das damals für unsereinen bedeutete – ein frisches, weich gekochtes Ei." Ich ahnte, was folgen würde. Natürlich

unterschlug er dem Affen zunächst die Eier, später auch das Gemüse, die besten Früchte und ein Großteil der Marmelade. „Es war einfach nicht mit anzusehen, dass das Vieh verschlang, wovon wir nur träumen konnten. Alle Orang-Utans sind Verschwender, aber dieser erst! In den Baracken starben die Männer vor Hunger, während der Affe – ach, Sie begreifen schon, was ich Ihnen sagen will."

Natürlich begriff ich. „Ich glaubte, das Tier hätte was zuzusetzen, fett genug war es ja gewesen, doch es machte erstaunlich schnell schlapp, verfiel förmlich vor meinen Augen und erholte sich auch nicht, als ich ihm wieder vorsetzte, woran es gewöhnt war. Schläfrig hockte es in der Ecke des Käfigs und glotzte mich stumpf aus fiebrigen Augen an. Es war schon ein Wunder, wenn das Vieh einen Arm reckte und nach einem Ast griff. Mir wurde angst, weil ich mir keinen Rat mehr wusste."

Inzwischen waren wir zu der Lichtung und dem Weg gelangt, den ich gehen musste. Fern am Wiesenrand hob sich dunkel ein Rudel Rehe gegen den Himmel ab. Mit schnellem Griff hielt er mich zurück und nun schwiegen wir beide. Erst als das Wild uns witterte und floh, wandte er sich wieder zu mir. „Bei aller Tierliebe", sagte er, „den Affen hasste ich. Mit jedem Bissen, den er lustlos verschlang, raubte er einem der Unseren die Kraft zum Leben. Er litt, das war klar, ich aber verfluchte ihn. Was fehlte ihm bloß, warum erholte er sich nicht? Natürlich blieb sein Zustand dem Lagerkommandanten nicht verborgen – doch da war es schon zu spät. Der Affe verendete mitten im Überfluss. Und da auch ging mir auf, warum es mit ihm so rapide bergab gegangen war. Wussten Sie, dass ein Orang-Utan weit anfälliger für Tuberkulose ist als ein Mensch?" „Sie hatten Tuberkulose?" „So war es", antwortete er. „Mich hätte der Lagerkommandant nie als Pfleger bestimmen dürfen." Er

richtete sich auf und blickte mich an. „Das mit der Lunge hat sich in den Jahren gebessert“, sagte er noch. „Den Schaden von den fünfundzwanzig Hieben aber schleppe ich mit ins Grab.“

Elena Lupescu – Bukarest, 1959

Gleich nach der Ankunft fragte ich nach meiner Übersetzerin. Bereitwillig setzte sich der Verlag mit ihr in Verbindung und wies einen Fahrer an, mich vor ihrer Wohnung in der Altstadt abzusetzen. Nicht lange später waren wir im Gespräch: Elena Lupescu erwies sich als eine schöne Frau mit dichtem, schwarzem Haar, dunklen Augen und lebhaften Gesten. Ihr Englisch war trotz ihres Akzents gut anzuhören. Eine gewisse Vertrautheit war schnell aufgekommen, sie glaubte mich durch ihre Übersetzungen meiner Texte gut zu kennen. „Ein Abenteurer in der Welt und in der Welt der Frauen, und sollte das Letztere zu relativieren sein, dann jedenfalls einer, der die Frauen mit einem Männerblick sieht." Ich nahm das als gegeben. „In der Männerwelt", fuhr sie fort, „kennen Sie sich aus ..." Was sie noch über mich sagen wollte, verschwieg sie. „Recht so", sagte ich. „Erzählen Sie mir lieber über sich." „Oh, Gott", rief sie, „da gibt's nicht viel. Bücher, Bücher, Bücher ..." Sie nannte Titel, die sie übersetzt hatte, amerikanische zumeist, fast sämtlich von Autoren, kaum Autorinnen. „*Mein* Zugriff zur Männerwelt", sagte sie. Es klang, als hätte es in ihrem Leben keine Männer gegeben. Ich hatte das Foto eines russischen Offiziers goldgerahmt auf dem Kaminsims bemerkt. „Ihr Mann?", fragte ich. Sie senkte den Blick. „War er nie", sagte sie, was mich innehalten ließ. Es lag bei ihr, ob sie darauf einging. Sie tat es nicht. Wir sprachen über das Leben in Bukarest, über Schriftstellerei im Allgemeinen und über meine im Besonderen. Sie fand es natürlich, dass ich über ihre Übersetzertätigkeit auf sie neugierig geworden war. „Aber Sie fragten nur nach meinem Mann", sagte sie.

Es dauerte, bis sie sich bereitfand, über den auf dem Foto zu sprechen. Zögerlich zunächst, dann fließender, auch zusammenhängender begann sie zu erzählen, bis ich

weit mehr als nur eine Vorstellung von ihrer großen Liebe zu dem sowjetischen Stadtkommandanten hatte, einer in jener Zeit streng verpönten Liebe, die letztendlich zum plötzlichen Verschwinden des Mannes geführt hatte. „Ich glaubte, er sei zurück nach Moskau beordert worden“, sagte sie, „doch bestätigen wollte mir das keiner. Und er schrieb mir nicht. Nicht eine Zeile. Schweigen, nur Schweigen! Dabei liebte er mich, so wie ich ihn liebte, daran zweifelte ich nie. Bis heute nicht. Die Zeit, die uns vergönnt war, war die schönste Zeit meines Lebens. Drei wunderbare Monate. Er blieb in mir. So verschollen er auch war, ich konnte ihn nicht vergessen. Und dann …“ Überwältigt von Erinnerungen, stockte sie. „Jahre nach seinem Verschwinden war da dieses Übersetzertreffen in Moskau, zu dem auch ich eingeladen war. Ich fuhr hin und – wie hätte ich nicht nach ihm fragen können? Immer und überall fragte ich nach ihm, bis ich seine Adresse hatte. Ich nahm ein Taxi, läutete, hörte ein Bellen hinter der Tür, ein Scharren. Die Tür wurde einen Spalt weit geöffnet, der Hund, der durch den Spalt lugte, war unverkennbar sein kleiner weißer Spitz. Zugleich stand seine Frau vor mir. Sie musterte mich, ließ mich nichts erklären, keine Fragen stellen. „Sie sind das Unglück meines Lebens!“, sagte sie und warf die Tür ins Schloss. Wieder hörte ich das Bellen hinter der Tür, hörte, wie die Frau den Hund wegzerrte. Dem, was sie mir entgegengeschleudert hatte, war kein weiteres Wort gefolgt. Von mir hatte sie nichts erfahren wollen. Sie wusste ja alles – und ich … weiß bis heute nicht, wohin sie Dimitri verbannt haben!“

Soshana – Rio de Janeiro, 1960

Die Gemälde im Fenster der Galerie waren Blickfänge: farbenprächtig, fantasievoll, dekorativ, und als ich eintrat und mich vorstellte, wollte mich der Galerist mit der Malerin bekannt machen. Ein Schriftsteller aus Übersee, ein möglicher Käufer! Soshana (ich erfuhr ihren Nachnamen nie) erwies sich als eine Frau Anfang dreißig, dunkelhaarig, vollschlank, eine Jüdin aus Wien mit österreichischem Charme. Sie pries ihre Bilder nicht an, sie hingen ja zur Ansicht. Was sie vorrangig zu interessieren schien, war mein Beruf und wie es mich nach Rio verschlagen hatte – *ein Seemann, der schreibt, interessant!* Und was ich in Rio vorhabe, wollte sie wissen. Genaue Pläne habe ich keine – die Stadt zu erleben, das genüge fürs Erste. Wenn ich wolle, könne sie mir einiges zeigen.

So kam es, dass wir sehr bald durch Copacabana streiften, am Meer entlang, in frischer Brise und unter der Sonne. Es war noch früh am Tag, da schlug sie einen Abstecher zur Ilha de Paquetá vor, wohin wir beim Praça Quinze de Novembro per Boot übersetzen könnten. In kaum mehr als einer Stunde wären wir da und hätten die Großstadthektik hinter uns. „Blumengärten, Strände – und alles zu Fuß oder mit Pferdekutschen erreichbar."

Die Zeit auf der Insel verging wie im Fluge. Ich schätzte mich froh, in ihrer Begleitung zu sein: Ah, dieses Doppelleben – Schriftsteller und Seemann. Was zwar nicht erklärte, warum sie mir derart bereitwillig ihre Zeit opferte. Jedenfalls wolle ich versuchen, ihr Fehlen in der Galerie wieder wettzumachen, sagte ich ihr. „Unsinn, Unsinn", rief sie, „als ob ich bei jedem Bilderverkauf präsent sein müsste. Kunden finden sich immer." Die Zeit gehöre ihr. Und wenn ich wolle, gehöre sie uns. „So um zehn in der Nacht fährt das letzte Boot zurück nach Rio", sagte sie. Und als sie gegen Abend verkündete, dass auch am nächs-

ten Morgen Fährschiffe nach Rio übersetzten, wusste ich das einzuschätzen. Mich drängte nichts: Der Kapitän hatte den meisten von uns, auch mir, freigegeben.

Beim Frühstück auf der Hotelterrasse fragte Soshana, was ich für den Tag plane. Als ich es ihr sagte, verstummte sie zunächst, und rief plötzlich: „Jorge Amado – wie gern ich den erleben würde. Ich schätze ihn als Schriftsteller so sehr, dass ich meinen Galeristen bat, ihm eine Einladung zur Vernissage zu schicken. Aber er kam nicht, kam nicht … Bitte nimm mich zu ihm mit!" „Soshana, das geht nicht", erwiderte ich. Schließlich habe ich nur eine Empfehlung zu ihm und wisse nicht einmal, ob ich empfangen werden würde. „Mit einer Empfehlung wird er dich auch empfangen", sagte sie. „Oh, wie ich dich beneide!" Bis heute verüble ich mir, Jorge Amado nach unserer freundlichen Begegnung gefragt zu haben, ob er für eine Bekannte ein wenig Zeit übrig habe, sie warte unten beim Pförtner auf seine Zustimmung. Bereitwillig rief Amado dort an und er selbst öffnete die Etagentür, als es läutete. Beim Anblick von Soshana erstarrte er, ließ sie, wo sie stand, und bat sie, nicht einzutreten. Beide rührten sich nicht, bis sie sich schließlich abrupt abwandte, den Fahrstuhlknopf drückte und, als die Türen sich öffneten, in die Kabine entschwand. Schnell und lautlos entglitt sie dem Blick. Ich sah Amado die Wohnungstür schließen, stumm noch immer, bis ihm die Worte entglitten: „Deceit thy name is woman" – Shakespeare-Worte vermutlich, deren besondere Bedeutung sich mir erst erschloss, als ich erfuhr, dass Shoshana Amado vor nicht zu langer Zeit in Prag begegnet war, wobei es – so sagte man – zu einem Verhältnis gekommen war. Seitdem habe sie über alle Grenzen hinweg seine Nähe gesucht – erfolglos bis hin zu jenem Tag in Rio ... „Täuschung, dein Name heißt Frau."

Torsten Gellert – Havanna, 1961

Das Ende der Sperre war nicht abzusehen. Schon den dritten Tag war es den Amerikanern gelungen, jeglichen Schiffsverkehr nach und aus dem Hafen von Havanna zu blockieren. An Bord unseres Frachters wusste keiner, wann wir auslaufen würden. Dazu kam, dass der Funker die Kunde verbreitet hatte, quer durch Berlin sei eine Mauer gebaut worden – was wir kaum glauben konnten. Hier, weit weg von Europa, unter kubanischer Sonne, erschien uns so ein Gewaltakt total unwirklich.

Mit Einwilligung des Kapitäns und dem Ja-Wort Torsten Gellerts, des Zweiten Ingenieurs, hatte ich unbezahlten Urlaub genommen und war an Land unterwegs, als ich erfuhr, dass Gellert ein vom Schiffskran abgestürztes Maschinenteil am Fuß getroffen hatte und ihm ein Gipsverband angelegt werden musste. Pech für diesen stets aktiven Mann – und das in einer Stadt, wo es nur so vor Leben brodelte. Gleich brach ich meine Pläne ab und ging an Bord zurück. Ich verdankte Gellert viel. Seit ich zu seiner Crew gehörte, hatte er mir nur Malerarbeiten rund um den Schornstein zugewiesen und mich so vor dem Gestank und der Hitze im Maschinenraum bewahrt: ein Privileg! Auch eins ihm selbst gegenüber, denn Gellert schuftete dort unten so hart wie seine Crew.

Er war ein verdammt gut aussehender Mann, hochgewachsen, breitschultrig, mit blondem Bart, dichtem Blondhaar und klarem Blick. Mich beeindruckte, was für ein Aufsehen seine schiere Präsenz einmal in einer Stettiner Hafenkneipe erregt hatte. Nach einer Nacht voll Krach und Wonne war er mit der schönsten Frau verschwunden – einer vollbusigen, blonden Polin in einem roten Kleid. Die hatte nur Augen für ihn gehabt, hatte jeden Tanz nur mit ihm getanzt, dicht an ihn geschmiegt und zu ihm aufblickend. Ob sie verstand, was er zu ihr

sagte? Wohl nicht, wie wir merkten. Doch Worte hatten die beiden nicht nötig.

Als ich jetzt, zurück an Bord, an seine Kammertür klopfte und er „Herein" rief, fand ich ihn in seiner Koje hockend, den eingegipsten Fuß vorgestreckt, dabei alles andere als betrübt. „Hallo, Bruderherz", rief er, „wie läuft's in Havanna?" „Prächtig", sagte ich, „nur du fehlst." Er winkte ab. „Werd schon noch dazu stoßen", versicherte er, „am besten machen wir das zusammen." Er zeigte auf die Krücke in einer Ecke der Kammer: „Du und ich und das Ding da." So kam es, dass wir am selben Abend noch von Bord gingen, er mit der Krücke, wenn nötig sich auf mich stützend. Zum Nachtlokal „Tropicana" brauchten wir kein Taxi, zwei Milizionäre lasen uns schon im Hafengelände auf und fuhren uns zum Herzen Havannas. Dort angekommen, riefen sie „Alemania Oriental", schlugen uns auf die Schultern und brausten davon. Im „Tropicana" verlangte man uns kein Eintrittsgeld ab, auch hier hielt man uns für Seeleute aus Ostdeutschland, und es half, dass einer mit Krücke ging. Wie selbstverständlich wies man uns einen Zweiertisch zu, Rum und Coca Cola wurden spendiert, und bald war uns, als spiele die Band nur zu unserem Gaudi. „Wer sagt's denn!", rief Gellert. Natürlich zeigten wir uns spendabel, steckten dem Bandleader und der Kellnerin Pesos zu – und bei der Stimmung, die herrschte, der Bühnenshow, die geboten wurde, den feurigen Tanzeinlagen, war unser Geld gut ausgegeben. Von Anbeginn hatte am Nebentisch eine bildschöne Kubanerin auf Gellert ein Auge geworfen, wobei mir gleich die Polin aus Stettin einfiel und ich ihm klarmachte, dass er sich nicht an mich gebunden zu fühlen brauchte. Er zuckte die Schultern und wies auf seinen vergipsten Fuß. Die Kubanerin sah das und rief ermunternd: „Nada!" „Sieh an", sagte ich zu Gellert. Der ließ der Kubanerin einen bunten Cocktail in hohem Glas bringen, und die

Nacht war noch jung, als sie sich an unseren Tisch gesellte. Gellerts Gipsfuß ignorierte sie. Blond und kräftig, fröhlich und freigiebig, schien er ganz ihren Wünschen zu entsprechen. Sie brauchten sich nur anzusehen, kaum ein Wort zu wechseln, und es wunderte mich nicht, dass für Gellert die Nacht so endete wie die in Stettin. Ich sah ihn ins Dunkel tauchen, ein wenig mühsam mit der Krücke und, dicht an seiner Seite, die schönste Frau im Saal …

Kapitän Schröder – Rostock, 1962

Schröder hieß er mit Sicherheit, sein Vorname, glaube ich, war Paul, und er passte prächtig auf dieses Küstenmotorschiff der ostdeutschen Flotte. Er war gesellig und einer, der von seinem Rang nichts hermachte. Dabei hatte er die Mannschaft im Griff. An Bord klappte alles, das Schiff blitzte sauber, stand rundum gut in Farbe, makellos die Außenhaut, beide Masten strahlten gelb, das Ruderhaus auch, und alle Bullaugen glänzten blank. Kabelgatt und Deck blieben aufgeräumt. Die Männer murrten nie über lange Arbeitszeiten. Das Schiff war ein Zweiwachen-Schiff und sechs Stunden Rudergang waren die Norm. Was mehr Geld bedeutete, als es auf den meisten Schiffen zu verdienen gab, die für die DSR, die Deutsche Seereederei Rostock, über die Meere kreuzten.

Kapitän Schröders Kümo gelangte nie weiter als bis nach Norwegen oder Schweden, zu Häfen immerhin, in denen sich die Mannschaft zu Hause fühlte. Vor allem aber waren die Männer auf dem Schiff zu Hause, sie fühlten sich eins mit ihrem Kapitän. Den mochten sie nicht bloß, weil er mit ihnen an einem Tisch aß, auch weil er ihre Sprache sprach und sich ungezwungen gab – sogar beim Vornamen durften viele ihn nennen. Was *ich* mir, neu an Bord, nicht herausnahm.

Mir als Neuling schlug Kapitän Schröder gleich eine Wette vor: Ein Kasten Bier sei der Mannschaft zu spendieren, falls ich im Ruderhaus mit der Knopfsteuerung nicht zurechtkomme. Kam ich zurecht, ginge mir der Kasten zu. Ich nahm die Wette an – unter der Voraussetzung, dass ich gründlich eingewiesen werde. Als das getan war, riss ich mich zusammen und hielt die Ruderwache durch, ohne je vom Kurs abzuweichen. Das gewonnene Bier spendete ich der Mannschaft – ein gelungener Einstieg. Kapitän Schröder packte mich anerkennend bei der Schulter.

Vor dem Einlaufen in den Hafen Stockholm hörte ich ihn verkünden, er erwarte, dass keiner nach dem Landgang fehle – eine, nach Mauerbau und schwer gesicherter DDR-Grenze, hochgestochene Erwartung. Doch keiner schien zu fehlen, als vor dem Auslaufen die Köpfe gezählt wurden – halt! Einer fehlte schließlich doch: der Steward. Kapitän Schröder stutzte: „Weiß einer, was mit dem ist?" Alle schwiegen. Und in die Stille hinein versprach er: „Den hol ich zurück." Wir fragten uns, wie das gehen sollte, der Steward war weg und würde wegbleiben. Keine zwei Stunden später, wir trauten unseren Augen nicht, war er wieder an Bord, hockte sich still neben die Durchreiche der Messe und hörte Kapitän Schröder an der Stirnseite des Tisches zu einer Ansage ansetzen: „Kein Wort von all dem nach draußen." Wir nickten. Er habe sich, fuhr Kapitän Schröder fort, vor die bundesdeutsche Botschaft in Stockholm postiert, wo nach geraumer Zeit der Steward tatsächlich aufgetaucht sei. Was danach geschah, sähen wir ja selbst, der Mann sei wieder da und über das Wie und Warum bräuchten wir nicht zu spekulieren. Das taten wir auch nicht. Unschwer malten wir uns aus, wie Kapitän Schröder den Steward väterlich-behutsam beiseite genommen und ihm nah gebracht hatte, dass auf seinem Schiff keiner fehlen dürfe. „Also tun Sie mir das nicht an – darum bitte ich Sie von Mann zu Mann." Dass der Steward ein Einsehen gehabt haben musste, sahen wir jetzt mit eigenen Augen bestätigt. Einer von uns, ich weiß nicht wer, ging zu ihm hin und legte einen Arm um ihn – doch was er ihm zuflüsterte, hörten wir nicht. Wir sahen den Steward nur nicken und dann sahen wir ihn lächeln …

Basil Willis – New York, 1963

Es ließ sich gut an: Mein New Yorker Verleger hatte es vorgeschlagen und Basil Willis hatte eingewilligt. „Don't call me Bas, though my name's Basil", sagte er zu mir – Bas gerufen zu werden, missfiel ihm. Er war mager, geradezu magersüchtig, und seine Hautfarbe tiefschwarz. Die Hornbrille verlieh ihm etwas Gelehrtes, und sein dunkelblauer Anzug mit Schlips und weißem Hemd kleidete ihn zu respektabel für Harlem, wo er Do-it-yourself-Bücher an den Mann bringen sollte. Handwerkerkleidung wäre zweckmäßiger gewesen, denn die Bücher enthielten ausschließlich Anleitungen für Hausreparaturen.

Basils Methode aufzutreten hatte mich nichts anzugehen, ich war ihm zugeteilt, um mit Harlem vertraut zu werden. Ich hoffte, ich würde ihm nicht lästig sein, sagte ich ihm. „Bin mir selbst lästig", erwiderte er. „Schau mich an – sehe ich wie ein Hausierer aus?" Dazu schwieg ich. Ich beschloss, mich nützlich zu zeigen und dabei meine Erfahrungen zu sammeln. Fürs erste erbot ich mich, seinen Koffer zu tragen. Basil sah mich skeptisch an, überließ mir dann aber den Koffer. Die zwanzig gebundenen Do-it-yourself-Bücher wogen schwer, und selbst nach fünf Stunden treppauf, treppab in Harlems Mietskasernen, fünf Stunden an Türen klingeln, fünf Stunden *trial and error*, war der Koffer wenig leichter geworden. Wir hatten nur sechs Bücher verkauft. Ein Kreuz!

So sehr ich mich auch nützlich machen wollte, meine Präsenz erwies sich zuweilen als hinderlich. „What's that white man doing alongside of you?", wurde Basil gefragt, worauf er nur lahm zu antworten wusste, ich sei o.k. Hatte er sich anfangs halbwegs hoffnungsvoll gezeigt – mit der Zeit war ihm klar geworden, dass die Bücher nicht verfingen, selbst hier nicht, wo kaum einer nach Handwerkern rief. Nicht nur waren die Bücher zu teuer, man

wollte auch nicht glauben, dass sie sich je bezahlt machten. „Spare yourself the trouble, man!", war ein immer wiederkehrender Rat. Es tröstete Basil wenig, dass ich auf die verkauften Bücher hinwies. „Sechs in fünf Stunden, man!", sagte er verächtlich.

Bei allen Jobs, die er hatte, sei dies der mieseste. Er zählte auf: Einrichter in einem Warenhaus, Tellerwäscher in einer Garküche, Zettelverteiler für eine Werbefirma, Botengänger einer Drogerie – nicht mal der Anzug, den der Chef ihm verpasst habe, gehöre ihm. „Und die Hornbrille stottere ich ab." Basil sah mich an wie den Mann vom Mond, als ich von Kassenbrillen zu reden anfing. Was das denn für Dinger seien? Ihm war die Lust am Hausieren vergangen. An der letzten Tür hatte ihn ein alter Schwarzer angeraunzt: „Was, verdammt, soll ich mit Büchern?" Da erst war Basil deutlich, dass der Alte den Türrahmen nur ertastet hatte und blind war. „Too right, son. Blind as a bat!", bestätigte der Alte und drehte sich weg. „Lass dich fragen, Bruder", hatte Basil zu mir gesagt, „wie blind sind Fledermäuse?" Ich sagte es ihm. „Zeit, den Krempel hinzuwerfen", rief er. „Feierabend, hörst du – endlich Feierabend!"

Julie Larsen – Kopenhagen, 1964

In der Erinnerung bleibt sie jung, zart, blond und schön, und wundersam erscheint es mir noch immer, wie wir zusammenkamen. Es war im „Tokanten“, einem Restaurant in Kopenhagen. Wir blickten uns an, ich setzte mich zu ihr, sie ließ es lächelnd zu, und ließ auch zu, dass ich sie zum Smörgåsbord einlud. Mein Englisch und ihr Schulenglisch genügten, um uns zu verständigen. Ich schätzte sie auf achtzehn und dass ich vom Alter her ihr Vater hätte sein können.

Kopenhagen war für mich Zwischenstation auf dem Weg nach Kalifornien, für sie war es die Geburtsstadt, Heimat. Ja, sie habe Zeit, mir zu zeigen, was Fremde selten sahen. So gingen wir also hinaus in den Sonnenschein des frühen Nachmittags. Wie wir in das Viertel mit dem sonderbaren Namen Pisserenden gelangten, habe ich vergessen, ich erinnere mich nur, dass dort die Boutiquen, die Cafés, die Bistros voll junger Menschen waren und ich mich neben Julie ausgelassen fühlte, irgendwie berauscht. Meine Umgebung nahm ich wie durch ein hauchdünnes Tuch wahr, das die Konturen weicher macht, die Farben abschwächt. Schnell verging die Zeit, die Sonne schwand, Schatten fielen, die Abendstunde nahte.

Bald, so sagte ich mir, würden wir uns trennen müssen, würde ich ins Hotel und sie nach Hause zurückkehren. Nur ihre Mutter hatte sie erwähnt, von ihrem Vater erzählte sie lediglich, ich sei ihm ähnlich. Wo der Vater denn sei, fragte ich sie. „A puzzle“, antwortete sie, „a puzzle for mother and me.“ Nein, wir bräuchten uns nicht zu trennen, noch nicht, und müsse ich denn wirklich ins Hotel zurück? Bei ihr zu Hause sei ich willkommen, versicherte sie mir, was ich nicht recht glauben wollte, bis wir dort angelangt waren. „What will your mother say?“ „She will smile“, antwortete Julie. Und wirklich,

ihre Mutter lächelte. Sie glichen sich sehr. Wie Julie, war die Frau schlank, blond und schön und von freundlich-offener Gastlichkeit. Sie lud zum Essen ein, und zur Nacht richtete sie mir ein Bett im Nebenzimmer. „Good night, stranger“, sagte sie und sie zeigte sich auch am Morgen ungeschmälert freundlich. An der Art, wie Julie und ich Blicke tauschten, wird sie geahnt haben, wo ihre Tochter die Nacht verbracht hatte – und dankbar erinnere ich mich an ihr diskretes Schweigen.

Ida Kaminska – Warschau, 1967

Als ich ihr 1957 in Warschau begegnet war, wirkte sie jung genug, die Hauptrolle in Abraham Goldfadens Theaterstück *Die komische Hochzeit* übernehmen zu können. Und wirklich, sie gab durchaus überzeugend die schmollende Braut, die sich allein schon deswegen dem trotteligen Muttersöhnchen Schmendrik verweigert, weil sie einen anderen liebt.

An die zehn Jahre später spielte Ida Kaminska die Mutter jener aufsässigen Braut, eine resolute jiddische Mame von etwa vierzig, die ihre Tochter in die Schranken weist – und wie im siebenundfünfziger Jahr zog sie aller Augen auf sich. Der Applaus im ausverkauften Haus war frenetisch. Nach der Vorstellung jedoch erlebte ich sie alles andere als unbeschwert – ja, geradezu bedrückt. An ihrer Darstellung konnte es nicht liegen. Was also trieb sie um?

„Dort, wo Sie jetzt leben, in Ostberlin, wie steht es da um die Juden?“, fragte sie mich unvermittelt, und ohne meine Antwort abzuwarten, schilderte sie ihre Lage in Polen. „Sie geben keine Ruhe, keine Ruhe, die Judenhasser hierzulande“, klagte sie. Hierzulande, in ihrem geliebten Polen, musste ich denken – war sie doch nach Kriegsende eilends aus der Sowjetunion nach Warschau zurückgekehrt, um mit ihrem Mann das Jiddische Theater zu neuem Leben zu erwecken. Dafür war sie gefeiert und geliebt worden, kaum ein Warschauer hatte es sich nehmen lassen, ihr Theater zu besuchen, auch kaum ein Besucher aus dem Ausland. Und keines der jiddischen Stücke, bei denen sie mitgewirkt hatte, war ohne Lob oder gar unerwähnt geblieben. Dennoch: „Meine Zeit hier ist vorbei. Wir werden das Land verlassen.“ Das gab mir zu denken.

Immer hatte ich Warschau als eine Stadt voller Energie und Schwung erlebt, mit begeisterungsfähigen, auf-

geschlossenen Menschen. Und nun? „Mein Mann und ich“, sagte sie, „sind zum Auswandern entschlossen – ewig wandernde Juden.“ Sie lächelte traurig. „Die da“, sie zeigte ins Leere, „haben uns die Heimat genommen, haben uns zu einem Ahasver-Dasein verdammt. Verstehen Sie, was ich Ihnen sagen will? Gerade Sie müssten das verstehen.“

Bernie Schmid – Kleinmachnow, 1968

Am Ende besiegte der dreijährige Bernie uns alle – machte mich ratlos, verschreckte Rebekka und brachte meine Frau Angela ans Ende ihrer Geduld. Dabei hatte sich alles so gut angelassen: Nach Absprache mit mir hatte Angela in der sechsjährigen Tochter Vorfreude auf den Besuch eines Brüderchens geweckt, war ins Kinderheim gefahren und hatte der Leiterin angeboten, über die Ostertage ein Waisenkind aufzunehmen. Von allen hatte sie das stillste, das am meisten verschlossene gewählt: Bernie Schmid, dessen Eltern in den Westen verschwunden und für den Jungen verschollen waren. Seitdem kauerte er in der Ecke und verweigerte sich.

„Er ist schwierig", hatte die Heimleiterin Angela gewarnt, „ich würde von ihm abraten." Was Angela nicht entmutigte. Gerade diesem Kind würde sie über die Ostertage ein Zuhause bieten. Das versuchte sie redlich. Im Haus angekommen, verflog Bernies Apathie augenblicklich, er sprang auf die Füße und rannte wie besessen vom Wohnzimmer zur Diele, von der Diele zur Küche, von der Küche zurück zur Diele und von dort durch die Flügeltüren ins Atelier, wo er die Nase gegen die Fensterscheibe presste und die Blumen, Sträucher und Bäume im Garten bestaunte. Erst beim Anblick des Bildes auf der Staffelei unterbrach er seine Entdeckungsreise. Bald aber sah er sich wieder um, fasste an, was ihm erreichbar war – eine Schmuckdose, eine Schale, eine Vase –, streckte die Hand nach einem Stapel Ziertellerchen auf dem Kaminsims aus. Der Stapel fiel um, die Tellerchen glitten weg und zerschellten auf den Fliesen. Das stoppte ihn nur kurz. Angela hatte Mühe, ihn von Schränken und Schubladen fernzuhalten.

Bernie geriet außer Rand und Band und vollzog eine totale Verwandlung vom eingeschüchterten Kind zum

Teufelchen. Er hielt Angela in Atem, auch mich, und brachte unsere Tochter gegen sich auf, als er einer ihrer Puppen den Arm ausriss. „Bernie, lass das! Das darfst du nicht." Er wusste schon nicht mehr zwischen Erlaubtem und Verbotenem zu unterscheiden. Enthemmt rannte er weiter umher, ließ sich nichts verbieten und zerbrach, was ihm erreichbar und zerbrechlich war. Angela konnte ihn nicht bändigen, er wehrte sich, schlug um sich, bis sie erkennen musste, überfordert zu sein und mich bat: „Bring ihn zurück ins Heim!" So sagte ich zu Bernie: „Hier ist dein Mäntelchen, hier dein Köfferchen. Gib Rebekka und Angela die Hand – und dann komm! Ostern ist vorbei!"

Jürgen Brunner – Berlin, 1970

Auf Fotos aus der Nachkriegszeit wirkt der Neunzehnjährige gesund und kräftig: mittelgroß, blondes Kraushaar, kräftige Schultern, schmale Hüften, von australischer Sonne gebräunt. Der leichte Silberblick, gepaart mit offenherzigem Lächeln, gibt ihm etwas Jungenhaftes, durchaus Sympathisches. Nichts davon war geblieben, als er mir 1970 nach endlos langem Flug aus dem nordaustralischen Darwin in Berlin-Tegel gegenüberstand. Er lächelte nicht, sein Blick war abwesend, sein Händedruck lasch. „How are things?“, fragte ich ihn. „Good“, antwortete er dumpf. Einer Umarmung wich er aus, ließ die Schultern hängen, schlurfte neben mir her, das Wenige, das er äußerte, war schwer verständlich. Handgepäck hatte er nicht, nur eine zusammengerollte, mit Riemen verschnürte Wolldecke. War ein Koffer zu erwarten? „Nein“, sagte er. Er nahm es hin, dass seine Schwester Angela nicht am Flughafen war, es war ja ohnehin nur eine Zwischenlandung auf dem Weg nach Island, wo die ältere Schwester Anneliese ihn erwartete. Ich überprüfte seine Flugtickets, und tatsächlich: Ich musste ihn umgehend im Taxi zum Flughafen Schönefeld bringen. Kaum waren wir dort angelangt, war er schon wieder in den Lüften. Nun gut – ich hatte mein Bestes getan, hatte ihn nicht bloß in Tegel empfangen und nach Schönefeld gebracht, sondern schon lang vor seiner Ankunft bewirken können, dass die von ihm verpasste Schiffsreise von Darwin nach Hamburg teilweise auf seinen Flug nach Deutschland angerechnet wurde – ein Entgegenkommen von Quantas und Hapag Lloyd! Die erheblichen Kosten, die trotz des Übereinkommens noch blieben, hatte ich beglichen. Nun war er auf dem Weg nach Island, um dort zu leben … und wo er nie wirklich lebte. Nach vier Wochen landete er wieder in Schönefeld, auch Schwester Anneliese kam, und geradezu

tragisch ist, was in der Zwischenzeit geschehen war. Jürgen Brunner hatte sich im Meer ertränken wollen, war gewaltsam davon abgehalten worden und hatte am darauf folgenden Tag das Häuschen seiner Schwester abgefackelt, zwar nicht mutwillig, aber fahrlässig: Er rauchte ständig, griff selbst im Bett zur Zigarette, und so war es geschehen.

Nie war zu erfahren gewesen, woran er auf dem fünften Kontinent gescheitert und warum er dort finanziell und gesundheitlich derart heruntergekommen war, dass seine Schwester sich seiner hatte erbarmen müssen. Und unergründlich blieb, ob er es tatsächlich darauf angelegt hatte, sich im Meer zu ertränken. Dazu wollte er nichts sagen, konnte es wohl auch nicht. An der Brandursache jedenfalls gab es keine Zweifel, verantwortlich war nur er, und Anneliese hatte für den Schaden herzuhalten. Nun waren sie wieder in Deutschland und beide auf der Schwelle eines Neubeginns. Den musste Anneliese für sie beide meistern. Sie suchte und fand eine Wohnung in Westberlin, auch eine Stelle als Verkäuferin (in Island hatte sie Modeschmuck hergestellt und verkauft) und Jürgen endete in der psychiatrischen Obhut einer Anstalt. Ich erlebte ihn im Sommer jenes Jahres auf einer Bank im Park, in sich gekehrt, so wie ich ihn nicht anders kannte, und erst als ich ihn auf grob-australische Art ansprach: „How're they treatin' you, mate?“ kam Leben in ihn, erinnerte er für einen Augenblick an den jungen Abenteurer, der er gewesen sein musste. „Good“, sagte er gleichgültig, „they are treatin' me fine!“

Kurt Trautwein – San Francisco, 1972

Im Mission District von San Francisco, unweit der Golden Gate Bridge, fiel mir am Eingang eines Bürogebäudes das Namensschild einer Anwaltsfirma auf: Trautwein, Epsom & Smith. Trautwein, dachte ich, doch wohl nicht *der* Trautwein – und war zurückversetzt in meine englische Schulzeit, sah den schmächtigen Kurt Trautwein, mit dem ich mich einst zerstritten, später aber gut vertragen hatte. Gleich aber verwarf ich den Gedanken. Warum sollte es ihn ausgerechnet hierher verschlagen haben? Es wird in der Welt zahllose Trautweins geben. Trotzdem, sagte ich mir, ich würde es bereuen, wenn ich dem nicht nachging.

Im Gebäude hielt mich der Pförtner auf, verlangte zu erfahren, wer ich sei und zu wem ich wollte. Ja, ließ er sich herab, er würde die Kanzlei anrufen, und das tat er dann auch, wobei er den Namen Trautwein merkwürdig zerquetschte, am Ende aber hörte ich ihn sagen: „Go on up, Sir, Mr. Trautwein will see you." Und tatsächlich: Es war Kurt da hinter dem Schreibtisch, ich erkannte den Mitschüler aus dem englischen Internat. Er lächelte mich an. Schmächtig war er noch immer, wirkte jedoch energisch. Er sprang vom Schreibtisch auf, ging freudig auf mich zu und drückte mir die Hand: „What on earth brings you to Califonia?" Als ich den Prozess gegen Angela Davis erwähnte, wusste er gleich Bescheid, und auf meine Gegenfrage erfuhr ich, dass er kurz nach meiner Internierung in England mit den Eltern in die Vereinigten Staaten ausgewandert war, er an der Columbia University Jura studiert hatte und schon seit mehr als einem Jahrzehnt Partner in dieser Anwaltsfirma war. Er wirkte nicht nur energisch, sondern auch erfolgreich: Maßanzug, auserwählte Krawatte, teures Hemd, teure Schuhe … Als ich erwähnte, dass ich von San José nach San Francisco wegen

der zwei verbliebenen Soledad Brothers gekommen sei, die hier des Mordes an einem Gefängniswärter angeklagt waren, wusste er auch darüber Bescheid. „Drumgo und Clutchette“, sagte er, „George Jackson, Angela Davis' Geliebten, der ebenfalls angeklagt war, haben sie eiligst, wie es so heißt, auf der Flucht erschossen.“ Er schüttelte den Kopf. „Das kennt man ja“, meinte er und schwieg dann. Er nannte es einen seltsamen Zufall, dass wir uns in dieser Stadt neu begegnet waren. „Wer hätte das damals gedacht!“ Auch er sei mit einem Gerichtsverfahren ausgelastet, gegen Dow Chemical nämlich, deren Entlaubungsgift „Agent Orange“, im Vietnamkrieg eingesetzt, bei zahllosen US-Soldaten Krebserkrankungen hervorgerufen habe. „Unsere Klage auf Schadensersatz läuft auf Hochtouren. Ein Mammutverfahren!“ So energisch er sich mir gezeigt hatte, so mitgenommen und überanstrengt wirkte er jetzt.

Hatte ich gehofft, unser neuer Kontakt würden sich fortsetzen lassen, wurde ich enttäuscht. Er machte keinen Vorschlag in der Richtung. „I'm under pressure“, sagte er, „arg unter Druck, du verstehst. Gib mir eine Telefonnummer, wo ich dich erreichen kann.“ Das alte Lied, dachte ich: Don't call me, I'll call you. Ich wandte mich zum Gehen. Nachdem er mich bis ins Erdgeschoss begleitet und Abschied genommen hatte, erwartete ich kein Wiedersehen. Ich sollte Recht behalten. Zwei Tage später sprang mich im San Francisco Chronicle folgende Schlagzeile an: „Lawfirm Partner Killed in Car Crash“. Kurt Trautwein hatte auf der Golden Gate Bridge die Kontrolle über sein Auto verloren, war gegen einen Pfeiler geprallt und dabei ums Leben gekommen. Die polizeiliche Untersuchung ergab, dass die Schrauben des linken Vorderrades gelockert worden waren, um einen Unfall herbeizuführen …

Die Unbekannte – Los Angeles, 1972

Dieser eine Augenblick Zeit, … als der Bus am Sunset Boulevard anhält, fast alle Fahrgäste aussteigen, ich aber bei der offenen Tür bleibe, weil mich die junge Frau dort draußen fesselt. Sie ist schön. Mir stockt der Atem. Meine Lippen fühlen sich trocken an. Es liegt ein Erkennen in ihrem Blick, eine Botschaft, Lächeln umspielt ihren Mund, Sonnenlicht umspielt ihr Haar. Warum steige ich nicht aus, gehe nicht auf sie zu? Der Fahrer blickt auf die Uhr, ihn drängt es nicht, er liegt gut in der Zeit. Die Frau steht reglos da, macht keine Anstalten einzusteigen. Mir ist, als spreche sie zu mir. Ich höre nichts, sehe nur, wie sie sanft die Lippen bewegt. Was will sie mir sagen, warum halte ich an dem Ziel fest, dessentwegen ich den Bus genommen habe? Ist meine Arbeit in dieser Stadt nicht getan? Sie ist getan, nichts zwingt mich, die Fahrt fortzusetzen. *Geh zu ihr*, raunt mir eine innere Stimme zu. Da bedient der Fahrer den Hebel, die Bustür schlägt zu, der Bus rollt langsam an. Noch sehe ich die Frau, weniger deutlich jetzt wegen der getönten Scheiben, sehe ihr Lächeln und das Sonnenlicht in ihrem Haar schwinden. Sie ist geblieben. Ich werde sie nicht wiedersehen. Ich erkenne, etwas Unwiederbringliches ist mir für immer in dieser mir fremden Stadt entglitten. Zugleich aber weiß ich, die Unbekannte wird mir näher bleiben als so manche Frau, die ich wirklich kannte, näher womöglich als die, die fortan meine Wege kreuzten …

Max Watts – Münster, 1977

Soeben hatte der Richter angesetzt, das Verfahren gegen Professor Christian Sigrist zu beginnen, der wegen Verleumdung der Polizei angeklagt war.* Da flogen die Saaltüren auf und ein untersetzter Mann mit Bart und struppiger Mähne zeigte sich im Rahmen. Er steckte in einer zerschlissenen Kutte und seine Füße in klobigen Stiefeln. In den Händen hielt er zwei abgewetzte, prall gefüllte Aktentaschen. „Und wer sind Sie?“, fragte der Richter fordernd. Der Mann ließ geräuschvoll die Taschen fallen und kramte aus seiner Kutte einen Presseausweis. Den hielt er dem Richter hin. „Nehmen Sie Platz“, sagte der, „und das zügig, wenn ich bitten darf!“ Der Mann stapfte zur Pressebank und setzte sich neben mich. „Max Watts“, sagte er, hielt mir die Hand hin und wollte wissen, woher ich käme. Ich sagte es ihm. „Aus dem Osten“, rief er, „sieh einer an!“ Der Richter pochte mit dem Hammer aufs Pult. Max Watts verstummte. Die Verhandlung begann und Max Watts neben mir holte Notizbücher und bunte Stifte aus einer seiner Aktenmappen. Ich fragte mich, was alles er notieren wollte, dazu in verschiedenen Farben. „Ich protokolliere“, erklärte er mir später während einer Gerichtspause. Ich vertiefte das nicht weiter, denn im Vorraum hatte ich Christian Sigrist entdeckt, den ich um ein Interview bitten wollte – „wenn möglich privat und nicht im Gerichtsgebäude“. „Kommen Sie um acht zu mir nach Haus“, sagte er und gab mir seine Karte. Da tönte hinter mir eine sonore Stimme: „Und ich komme mit.“ Es war Max Watts, den ich tatsächlich noch in dieser Nacht im Haus des Professors wiedertraf: allzu spät, wie sich erwies, und äußerst erzürnt, weil ihn in einer Telefonzelle am Bahnhof eine Polizeistreife gestellt hatte. „Pure Schikane!“, versicherte er uns. „Wegen Landstreicherei oder so was.“

Wie dem auch gewesen war, es wunderte mich nicht, dass er wenige Wochen später beim Versuch, mich in Ostberlin aufzusuchen, generell anecken sollte, zunächst am Checkpoint Charlie, aber auch später. Doch wie schon in Münster, kam er jeweils mit einer Befragung davon. Er war einer, der auf die Füße fiel. Das blieb auch nach Jahren so, auf dem fünften Kontinent, wohin er aus Neuseeland auf einem Katamaran gelangt war. An der Ostküste Australiens bei Port Macquarie gestrandet, hatte er sich nach Sydney durchgeschlagen, wo man ihn als Weltenbummler, Abenteurer und linken Journalisten mit wohlwollendem Interesse aufgenommen hatte. Hilfsbereit und solidarisch, wie ich ihn kennengelernt hatte, ließ er es sich nicht nehmen, in seinem betagten Oldsmobile tausend Kilometer zurückzulegen, um mich bei meiner Ankunft in Melbourne, von wo aus ich Australien neu zu entdecken plante, nach Sydney zu holen. „Haben wir uns endlich wieder", rief er. Nie verzeihen würde er es sich, vergäße er, wie ich ihm damals am Checkpoint Charlie aus der Patsche geholfen hatte. „Also rein in den Oldtimer und ab nordwärts nach Sydney!"

* Sigrist hatte behauptet, Polizisten seien Mörder. Er hätte jedoch nur sagen dürfen, dass Polizisten für den Tod eines Demonstranten verantwortlich gewesen waren, den sie bei ihrem Einsatz eine Treppe hinuntergestoßen hatten.

Otto Schily – Münster, 1977

Er ging schnellen Schritts mit wehendem Talar vorbei, stutzte und kam dann zu mir in den Vorraum zurück: „Erlauben Sie eine Frage. Für wen berichten Sie?“ Ich sagte es ihm. „Interessant“, erwiderte er. So geriet ich an Otto Schily, im Landgericht von Münster, wo er den Universitätsprofessor Christian Sigrist gegen die Duisburger Polizei verteidigte, ein Verfahren das sich lange hinziehen sollte. Immerhin ließ es ihm die Zeit, mich zu einem Gespräch in ein nahegelegenes Café einzuladen.

Ich lernte einen geistig beweglichen, vielseitig interessierten Mann kennen, der mir seine juristische und politische Laufbahn umriss und über seine Herkunft in Nordrhein-Westfalen erzählte – helle Stakkatostimme und jugendlich in die Stirn gekämmtes Haar. Auch von seinem späteren Leben sollte ich erfahren. Es zeigte sich, dass er, wie ich, in Australien gewesen war: „Nicht so lange wie Sie, doch mehr als nur eine Stippvisite war es allemal.“ Wann und warum ich das Land verlassen habe, wollte er wissen, und wie es zu meiner Entscheidung für Ostdeutschland gekommen war. Er horchte auf, als ich ihm erklärte, die Entscheidung habe nicht wenig mit meinen Erfahrungen in Duisburg zu tun.

Ich schilderte ihm, wie ich beim Besuch des einstigen Elternhauses von der alten Frau Moll, der Ehefrau des jetzigen Besitzers, vor der Haustür abgefertigt worden war. Nein, meinem Vater sei sie nie begegnet, hatte sie beteuert, meiner Mutter jedoch sehr wohl. Die sei vor der großen Reise noch einmal ins Haus gekommen. „Große Reise“, so hatte die Alte tatsächlich die Verschleppung genannt. Meine Mutter habe ihr geklagt, dass sie keine festen Schuhe besitze, und wie solle sie ohne feste Schuhe auf die Reise gehen? „Da gaben wir Ihrer Mutter noch ein paar feste Schuhe.“ Einen kurzen Augenblick verschlug

es Otto Schily die Sprache, dann sagte er: „Also gingen beide Ihrer Eltern den bitteren Weg." „Beide", sagte ich, „im vierundvierziger Jahr." „Das Haus in Duisburg wurde Ihnen dann wohl zurückerstattet?", fragte Schily. Ich verneinte, und als ich ihn wissen ließ, die Tochter der Frau Moll habe sich später bei mir gemeldet und versprochen, einen Familienrat einzuberufen, bei dem man ganz sicherlich eine Wiedergutmachung beschließen würde, fragte Schily: „Und was geschah?" „Nichts. Alles lief auf ein ‚leider, leider' hinaus. Gefolgt von Schweigen." „Das werden wir brechen", versprach Schily. Er würde der Familie schreiben und dann werde man schon sehen. Seine Zuversicht überzeugte mich.

Immerhin war Schily ein deutschlandweit angesehener Anwalt. Das müsste wirken, sagte ich mir. Weit gefehlt! Denn auf Schilys Schreiben kam bald die Antwort: Da bis zum Jahr 1955 kein Wiedergutmachungsanspruch erhoben worden und folglich die Sache verjährt sei, könne man sich zu keiner Vergütung entschließen. Auch auf eine Kulanzzahlung werde man sich nicht einlassen, man wolle schließlich keinen Präzedenzfall schaffen. Mit vorzüglicher Hochachtung … Danach hörte ich nichts mehr von Otto Schily und ich sah ihn auch nie wieder.

Christian Sigrist – Münster, 1977

Als ich am Abend nach der Gerichtsverhandlung vor dem Einfamilienhaus von Professor Christian Sigrist in einem Vorort von Münster anlangte, schlug laut ein Hund an, der sich erst beruhigte, als die Tür geöffnet und ich hineingebeten wurde. Da streckte sich das Tier auf der Matte aus und blieb still. Gut zwei Stunden später schlug der Hund ein zweites Mal an.

Durchs Wohnzimmerfenster konnten wir im Vorgarten eine massige Gestalt erkennen. Wir hörten die Hausglocke und wieder bellte der Hund grimmig. Wir ahnten, dies kündigte die Ankunft von Max Watts an, dem Reporterkollegen vom Prozessgeschehen, arg verspätet war er gekommen, aber immerhin. „Ich werde nicht wiederholen können, was ich Ihnen erzählt habe", sagte Sigrist zu mir. Ein zweites Mal ausführlich von seinem Leben und seinem Werdegang zu berichten, sei ihm nicht zuzumuten. Max Watts, inzwischen ins Wohnzimmer gebeten, erklärte seine Verspätung. Er sei wegen Landstreicherei aufgehalten und auf dem Polizeirevier zur Person befragt worden. Sigrist verschlug es die Sprache, mir auch, obwohl ich ein Quäntchen Verständnis für die Umstände hegte. Max Watts, bärtig und mit wirrem Haar, dazu in zerschlissener Kutte, entsprach tatsächlich der gängigen Vorstellung eines Landstreichers.

Professor Sigrist, überanstrengt wie er inzwischen war, hielt uns nicht auf, als wir uns bald verabschiedeten. „Sie werden mit Ihrem Kollegen teilen, was sie von mir erfahren haben", sagte er. Auf dem Weg zur Innenstadt von Münster fragte mich Max Watts, wie mir der Professor vorkomme. „Ein kritischer Geist. Hellwach und links", sagte ich. „Sehe ich auch so", meinte Watts, „und was weiter?" „Einer, dem die Herrschaft von Menschen über Menschen zuwider ist und der sein akademisches Wissen

in den Dienst seiner Überzeugungen stellt.“ „Klingt heftig“, sagte Watts, „hast du’s nicht eine Nummer kleiner?“ „Weißt du“, antwortete ich ihm, „es war ein langer Tag, ich bin geschafft. Alles Weitere erzähle ich dir morgen.“ Max Watts stutzte. „Ich an deiner Stelle würde da nicht zögern.“ Das würde er tatsächlich nicht, dachte ich, und ich gab mir einen Ruck. „Sigrist“, sagte ich, „hat sich in der Welt umgetan und daraus Schlüsse gezogen – in Afghanistan zum Beispiel. Allein schon wegen seiner Haltung zu dem, was er regulierte Anarchie nennt, ist er in diesen Scheißprozess verwickelt. Die Verleumdungsklage ist ein der Polizei willkommener Vorwand.“ Max Watts nickte. „Pech, dass du aufgehalten wurdest“, sagte ich ihm. „Du hättest hören sollen, was Sigrist über Afghanistan zu sagen hatte: ein unbesiegbares Land, an dem sich alle Invasoren die Zähne ausgebissen haben und immer ausbeißen werden.“ Das schien Watts zufriedenzustellen. Während wir durch die Nacht rollten, sah ich Sigrist vor mir, weit jünger wirkend als seine über vierzig Jahre – sah den unerschrockenen Hochschullehrer, in dessen Seminare sich junge Studenten aus Afrika, Asien und Lateinamerika geradezu drängten.

Ivan Obretenov – Warna, 1978

Zwölf bulgarische Sommer, zwölf Obretenov-Gemälde an den Wänden meiner Berliner Wohnung: Landschaften, getaucht ins Licht der vier Jahreszeiten, Bauernkaten und weiße Kapellen, Blumengebinde und Harlekins mit spitzen Hüten, auch ein Selbstbildnis mit flatterndem Hahn. Ich sehe Obretenov vor mir – robust-bäuerlich, bärtig, slawisch das Gesicht mit den schrägen Augen, ein männlicher Mann, den die Frauen beachten. Immer sagte ich mir, dieser Maler würde im Westen mit seinen Bildnissen schöner, kluger, eleganter Frauen vermögend werden … In unseren gemeinsamen Sommern war er durch seine Arbeit keineswegs reich geworden – davon zeugte die Ärmlichkeit seiner Bleibe in dem verwilderten Garten zwischen Warna-Stadt und Goldstrand, eine schiefe Kate aus Holz mit einem Atelier im oberen Stock.

Von der ersten Begegnung bis hin zur letzten waren wir wie Brüder, stumme Freunde, die keine gemeinsame Sprache hatten. Und doch verstanden wir uns – Blicke, Gesten, Umarmung, Handschlag waren beredt. Ich hegte Hochachtung für seine Kunst und er für meine ins Bulgarische übersetzten Erzählungen. Durch sie erahnte er viel aus meinem Leben. Das hielt uns zusammen. Mich wunderte, wie unbekümmert er seine Bilder hergab, er ließ sie, seiner Schaffenskraft gewiss, leicht aus dem Haus. Nur das Porträt seiner Frau erklärte er als unverkäuflich, wie auch die Bilder seiner Kinder … Ich erlebte ihn gesellig, er trank gern, einen Wodka und noch einen. Die Wodkas machten ihn nicht müde, nie launisch, er blieb guter Dinge, blieb stets in eigener Mitte, und selbst der Diebstahl von dreißig in seiner Hütte aufbewahrten Gemälden verstörte ihn nicht – vielleicht tauchten sie wieder auf, vielleicht brachte der Hinweis, dass einige davon in Griechenland gesichtet worden waren, die Polizei auf

die Fährte der Diebe. Und falls nicht … Ivan Obretenov zuckte die Schultern. Er würde neue Bilder malen, so kraftvoll wie die gestohlenen.

Nach 1990, nach dem Niedergang der roten Zeit, erlebte ich einen gewandelten Obretenov. Seine Gemälde schmückten jetzt die Wände von Hotels am Schwarzen Meer. Wie verkraftete er den Wechsel, machte es ihn reich zu malen, wie es die Hoteliers verlangten? Er ließ nicht erkennen, ob ihm die neuen Bedingungen gegen den Strich gingen. Ivan Obretenov hielt sich bedeckt. Auch, als ihm für seine dekorative Malerei nichts als eine Reihe von Wochen freien Hotelaufenthalts angeboten wurden, was, wie ich fand, an Ausbeutung, an krassen Betrug grenzte. Die Hotel-Oberen, die seine Bilder mit Wodka und ein paar Mahlzeiten vergüteten, gehörten – so meinte ich – in Ketten gelegt. Andererseits: Sollte man mich je nach dem gegenwärtigen Erlös für meine Erzählungen fragen, müsste ich gestehen, meinen neuerlichen Verlegern selten mehr als eine Handvoll Silber abgerungen zu haben, oft nur ein paar lumpige Münzen. Oder gar nichts …

Slado Karim – Korčula, 1985

Wir waren ahnungslos, unsere kroatischen Gastgeber waren es nicht. Slado Karim hatte in seiner Strandruine, die ihm Schlafstelle und Malerwerkstatt in einem war, hinter Glas ein überfülltes Fischerboot gemalt, das von einem Strudel mitgerissen wird, zu kentern und in einem abgrundtiefen Wellental zu versinken droht. Die Männer im Boot stehen erstarrt, mit weit offenen Mündern schreien sie ihre Todesangst gen Himmel. „Tito tot", sagte Slado in gebrochenem Deutsch, und machte mir durch Gesten deutlich, dass es im Bild um Jugoslawiens Zersplitterung und kommenden Untergang geht. „Du verstanden?" Ich nickte. Danach verharrte er schweigend neben dem Bild, war wieder der kleine, leise Mann, als den ich ihn kennengelernt hatte, ein Maler, der einsiedlerisch Bilder malte, die Zukünftiges ahnen ließen: Chaos, Massaker, Todgeweihte vor einem Erschießungskommando, Leichenberge in einer Schlucht. Die Bilder standen, an die Wände gelehnt, im Halbdunkel. *So wird es sein*, gab Slado mir durch sein Mienenspiel zu verstehen.

Das Fenster neben der Tür blickte auf das Gärtchen, das er sich angelegt hatte. Auf dem Pfad zwischen den Beeten näherte sich in gebückter Haltung eine alte, in Schwarz gehüllte Frau. Auf die Fensterbank stellte sie ein Körbchen mit Eiern, entnahm einem Schälchen ein paar Münzen und ging wortlos wieder weg. Slado rief ihr ein Dankeschön nach. Die Eier würden ihm lange reichen, ließ er mich durch Gesten wissen. Was er noch zum Essen brauchte, gedieh im Gärtchen. „Tito tot", hörte ich ihn wieder sagen. Er bekreuzigte sich. Seit ich ihn in der Strandruine entdeckt und mehrmals aufgesucht hatte, waren meine kroatischen Tage überschattet. Die Sonne schien im milden Mai, die Adria war still und blau bis hin zum Horizont, doch Slados Bilder ließen sich nicht

verdrängen. „Slado“, sagte ich zu ihm am Abend meines letzten Tages auf der Insel und deutete auf das Bild hinter Glas mit dem bedrohten Fischerboot. Er nahm das Bild, schlug es in Pergamentpapier ein und gab es mir. Geld verweigerte er. Ich ging ins Dorf und kaufte Wodka. Er füllte zwei Gläser und wir stießen an. „Auf Tito“, sagte er.

Elise Konstantin – Warna, 1986

Wie sie durchs Hotelfoyer des „Rodina“ auf die Sitzecke zuging, in dunkelblauem Leinenkostüm, modischen Sandalen, Zigarette in langer Zigarettenspitze, das dunkle Haar geflochten und überm Kopf zusammengesteckt, wirkte sie streng – eine Außenseiterin unter den Feriengästen im bulgarischen Warna. Ich entsinne mich nicht, wie wir ins Gespräch kamen, nur, dass es gleich alles andere als ein Urlaubsgeplänkel war. Ich hatte den Dichter Paul Wiens auf einer Delegationsreise begleitet, und sie war, wie ich erfuhr, in Warna für einen Kölner Verlag tätig gewesen. Nun stand uns beiden ein freies Wochenende bevor und am Montag der Rückflug nach Deutschland – sie nach Köln-Bonn, ich nach Ostberlin. So streng wie anfangs wirkte sie nicht mehr, und vielversprechend war, wie selbstverständlich sie die Auskunft hinnahm, die ich Wiens gab, als der zu uns stieß. „Eine gute Bekannte aus dem Rheinland – purer Zufall“, erklärte ich ihm. Er fragte nicht weiter nach, wünschte uns eine gute Zeit und ging. „Spätestens jetzt“, sagte ich zu ihr, „sollte ich mich vorstellen.“ Sie lachte, „Besser jetzt als nie“, und nannte mir darauf ihren Namen. Wir einigten uns auf das Du und gelangten schnell zu einer Vertrautheit, die meine Erklärung an Paul Wiens bestätigte: *eine gute Bekannte!* Sie legte alle Strenge ab, scherzte, erzählte von sich, ging auf mich und meine Arbeit ein, und bis der Abend hereinbrach, hatte sie sich verwandelt. Sie trug ihr Haar offen, in ihrem luftigen Sommerkleid zeichneten sich ihre Konturen ab, Busen, Hüften, Schenkel. Mir ging Beethovens schwärmerisches *Für Elise* durch den Kopf. Auch nachdem wir uns in ihrem Hotelzimmer lange geliebt hatten, blieb mir die Etüde im Sinn, ich summte sie ihr vor. „Unsere Abschiedsmelodie?“, fragte sie leichthin. Ich nickte. „Irgendwie schon“, sagte ich. Sie antwortete: „Wie konnte ich

vergessen, dass uns eine Grenze trennt. So bleibt mir nur, dir zu schreiben. Darf ich das?“ Weil ich dazu schwieg, war unsere zweite Nacht anders als die erste: Sie hatte sich von der Fröhlichen in die Strenge zurückverwandelt.

Kein Brief von ihr erreichte mich in Ostberlin, ich erwartete auch keinen, und es verwunderte mich arg, als ich nach der Maueröffnung, abgeheftet in meiner Stasi-Akte, ein Blatt blauen Büttenpapiers fand, auf dem in einer mir fremden, fraulichen Schrift zu lesen war: „Lieber – ich schreibe an Deine Verlagsadresse, so brauchst Du nicht um Deinen Ehefrieden zu bangen. Mich bedrückt, dass wir es in jener Sonntagnacht nicht ausklingen ließen. Du wirst ahnen warum. Und doch – mir liegt daran, die schönen Stunden zu bewahren, die wir hatten. Mir war klar, Du würdest zurückgehen, woher Du kamst, aus persönlichen Gründen und auch den anderen, die zu verstehen ich mich bemüht habe. Dass Du Dich in all den Wochen mit keiner Zeile gemeldet hast, zeigt mir, wie tief die Kluft zwischen unseren beiden Welten ist. Ob sich das je ändern wird? Wohl nicht. Darum leb wohl und sei gegrüßt von E.“ Ich ließ den Brief in der Akte, ich brauchte ihn nicht, er hatte sich mir eingeprägt. Die Registriernummer jedoch notierte ich. Und die führte dazu, dass ich Paul Wiens als Inoffiziellen Mitarbeiter der DDR-Staatssicherheit festmachen konnte. Was zum Teufel, fragte ich mich, hatte ihn geritten, uns so schäbig zu verraten, *armer Paul Wiens!*

Arthur Warncke – Ostberlin, 1987

Er kam unangemeldet, wofür er sich entschuldigte, wies sich als Oberleutnant Arthur Warncke vom Ministerium für Staatssicherheit aus und bat um ein Gespräch. Ich ahnte, worum es ging, und sah keinen Grund, mich zu sperren. Der Oberleutnant kam zügig zur Sache. Als Erstes ließ er sich bestätigen, dass Professor Dr. Werner Breker und ich befreundet waren, und fragte dann, ob ich Auskunft geben könne, auf welche Weise sich der Mediziner und seine Familie nach Westberlin abgesetzt hatten. Er sah mich prüfend an, und als ich ihm erklärte, ich könne ihm dazu nichts sagen, nickte er. Er schien mir das abzunehmen und erklärte sich einverstanden, als ich ihm anbot, wenn ich schon über das *Wie* der Flucht der Familie Breker nichts zu sagen wüsste, ich zumindest das *Warum* erklären wolle, damit darüber Klarheit herrsche. „Sehr gut", sagte der Stasi-Mann. Ich bat ihn, Platz zu nehmen. Dafür bedankte er sich. Eine Bewirtung lehnte er ab, legte seinen Hut auf die Kante des Schreibtisches, setzte sich mir gegenüber auf einen Stuhl und wartete ab. Ich sagte, es wäre gut, wenn meine Darlegungen aufgezeichnet würden, und auch dazu nickte er, zog ein kleines Tonbandgerät aus der Tasche, legte es neben seinen Hut und schaltete es ein. Ein Lämpchen signalisierte, dass es arbeitete. Oberleutnant Warncke zeigte sich aufmerksam bis zum Ende, wobei sein Ausdruck undurchdringlich blieb. Ehe er das Gerät abschaltete, fasste er, was ich gesagt hatte, noch einmal zusammen: dass Professor Dr. Breker („mein Freund", wie er betonte) mit der für ihn geplanten Versetzung ins Krankenhaus der Volkspolizei trotz höherer Besoldung und anderer Vorteile aus folgenden Gründen nicht einverstanden gewesen sei: Einengung seiner persönlichen Freiheiten, Unterbindung aller Westkontakte, ihn streng einschränkende Verhaltensnormen gegenüber

seinen Patienten, absolute Parteilichkeit in puncto DDR und ähnliches mehr. Außerdem sei ihm aufgestoßen, dass die Einfuhrgenehmigung eines Mercedes verweigert worden war, den der Westberliner Vater einer Patientin ihm für seine ärztliche Fürsorge vermacht hatte. Hier stutzte der Oberleutnant und schüttelte den Kopf. Das mit dem Mercedes fand er in Anbetracht der gehobenen Stellung von Professor Breker wenig überzeugend. „Eine Villa in Köpenick, in der Garage ein brandneuer Wartburg – wie konnte er da so viel Aufhebens wegen eines Westautos machen. Schwer nachvollziehbar", sagte er. „Sie vergessen die anderen Gründe", erinnerte ich ihn. „Ich weiß, ich weiß", sagte er. Er wies auf das Tonbandgerät. „Die sind ja alle festgehalten." Er erhob sich, stand jetzt vor mir – eine stattliche Erscheinung in grauem Tuch. Sein Ausdruck blieb undurchdringlich. Was ich ihm mitgeteilt hätte, sei erhellend, er würde es an die zuständigen Stellen weiterleiten. „Nur eins noch", fügte er hinzu: „Befreundet, wie Sie und Professor Breker ja waren, hat er da Ihnen gegenüber wirklich nie über seine Absicht, die Republik zu verlassen, ein Wort verloren?" „Nie." „Also auch keine Silbe darüber, wie das zu schaffen sei?" „Auch das nicht." „Ich will Ihnen das glauben", antwortete er, worauf ich ihn wissen ließ, dass er das wohl müsse: „Ich hätte ja auch schweigen können." „Hätten Sie", gab er zu, steckte das Tonbandgerät weg und nahm seinen Hut. Ehe er die Wohnung verließ, gab er mir noch einen Hinweis auf die Gründlichkeit seiner Behörde: „Deckt sich alles mit den Aussagen Ihrer Frau, deren Arzt Professor Dr. Breker ja war." Dann ging er. Ich sah ihn nie wieder.

Nach der Wende aber wurde ich noch einmal an ihn erinnert: Seine Unterschrift tauchte unter einem handschriftlichen Vermerk am Rande des Protokolls eines Informanten auf, das ich in meiner Stasiakte fand. In dem Protokoll wurde ich bezichtigt, die Adressen von DDR-

Ärzten, die das Land verlassen wollten, in den Westen vermittelt zu haben. „Eingehend überprüft und als unrichtig befunden", lautete Oberleutnant Warnckes Vermerk – womit er mich, da darf ich sicher sein, vor größten Schwierigkeiten bewahrt hat, vor Haft in Bautzen womöglich …

Wäre nicht neben dem Hauseingang ein weißer Kreidekreis mit Blitz zu erkennen gewesen, ich hätte die Suche abgebrochen. Auch jetzt konnte ich kaum glauben, dass Birgit in dieser Ruine zu finden sein würde. Drinnen war es dunkel und kälter als draußen. Tief unter dem Haus rumpelte die U-Bahn. Das Rumpeln verklang wie ein fernes Echo. Um mich her wurde es still. Nichts rührte sich. Ich rief: „Hallo, ist da wer?“, rief es ein zweites Mal. Irgendwo ging knarrend eine Tür, ein Lichtschein fiel ins Dunkel, der Mann, der aufgetaucht war, sagte barsch: „Was gibt's?“ Ich suche eine Birgit Breker, sagte ich ihm, ob die hier wohnte. „Wohnen wäre geprahlt“, antwortete der Mann. „Oben hängen noch ein paar Typen ab. Kannst hochgehen. Wenn du was klimpern hörst, ist's die Breker.“

Ich tastete mich die morschen Treppen hoch. Im zweiten Stock drang aus verschiedenen Zimmern Stimmengewirr, hinter der Tür gleich rechts waren Gitarrenklänge zu hören. Ich klopfte an. Das Gitarrenspiel endete abrupt. „Wer will da was?“ Ich erkannte Birgits Stimme und nannte meinen Namen. Die Tür ging einen Spaltbreit auf. Birgit blickte erstaunt: „Du hier?“ Sie wollte das erklärt haben, und ich sagte etwas von einer Lesung in der Winterfeldtstraße, wegen der ich in Westberlin sei. „Das sagt nicht, wie du hierher gefunden hast – wer hat dir das gesteckt?“ „Wer wohl?“, entgegnete ich. Sie begriff und ließ mich ein.

Der Raum war kahl: eine Matratze, ein paar Bücherkisten, ein Koffer, sonst nichts. Auf einer der Kisten flackerten Kerzen. Birgit hockte sich auf die Matratze neben die Gitarre. „Wieso weiß Florian, wo ich bin?“ „Er weiß alles“, sagte ich, „und sehnt sich nach dir!“ Birgit lachte. „Sehnt sich nicht genug, dass er herkommt.“ Er will, dass

du zurückkommst, war ich drauf und dran zu sagen, er liebt dich noch immer und will dich zurück. Laut sagte ich bloß: „Er sehnt sich nach dir und will nur dich."

Dass ihr Florian noch Stunden zuvor in meiner Wohnung in der Oranienburger war und mich unter Tränen, ja geradezu auf Knien, gebeten hatte, ich solle doch Birgit für ihn aufsuchen, behielt ich für mich. Ich spürte, dass sie mir misstraute. Sie mochte glauben, die Stasi habe mich geschickt. Wie auch immer, sie wirkte skeptisch. Sie nahm die Gitarre, beugte sich darüber und begann zu klimpern. „Lass das, Birgit. Ich will mit dir reden." „Dazu gehören zwei", sagte sie. „Richtig – wir können es auch lassen." „Eben", sagte sie, „und sag Florian, wenn er mich liebt, soll er es hierher schaffen. Ich hab's geschafft, er könnte das auch. Und sag ihm, ich wollte damals auf keinen Fall in den Westen, Vater wollte es, Mutter wollte es, ich nicht. Aber zurück will ich auch nicht. Nun nicht mehr."

Ich fragte mich, wie sie es vorziehen konnte, in dieser Ruine zu hausen, statt zu Florian zurückzukehren, der sie liebte. Repressalien? Ja, die würde es geben, doch wohl nicht allzu heftige unter den Umständen. „Wissen deine Eltern, wie du hier haust?" „Keine Ahnung", sagte sie. „Studierst du noch?" „Wozu?", sagte sie, „no future." Sie klimperte weiter auf der Gitarre, ignorierte mich. Ich fühlte mich fehl am Platz, öffnete die Tür, gegen die ich mich gelehnt hatte. Der Luftzug ließ die Kerzen heftiger flackern. „Mach's gut, Birgit." „Du auch", sagte sie, „grüß Florian." Ehe ich aus der Tür war, rief sie noch: „Demnächst anderswo, auf keinen Fall mehr hier." Tief unterm Haus rumpelte wieder die U-Bahn – und würde weiter durch die Nacht rumpeln.

Ich dachte an die Breker-Villa am See in Köpenick, Birgits einstiges Zuhause, und fragte mich, wie schon so etliche Male, wie mein Freund, ihr Vater, trotz noch so triftiger Gründe, sich und die Seinen den dubiosen

Fluchthelfern hatte anvertrauen können. Was hätte ein Professor Dr. Breker bei einem Wechsel von der Charité zum Krankenhaus der Volkspolizei auszustehen gehabt? Ich hatte es mir vorzustellen versucht, aber es nicht wirklich nachvollziehen können. Noch wollte es mir in den Kopf, wie seine Tochter in die Hausbesetzerszene der Bülowstraße geraten war …

Dagobert Meißner – Berlin, 1991

Kann einer deinen Weg kreuzen, ohne dir je zu begegnen? Ja und nein. Das Angebot einer Münchener Agentur zur Wendezeit stellte so etwas wie ein Kreuzen meiner Wege dar. Dabei war in dem Schreiben lediglich versprochen worden, ein geschultes Lektorat werde für eine Gebühr von DM 65,- mein Manuskript prüfen und gegebenenfalls einem geeigneten Verlag empfehlen. Alles Weitere wäre abzuwarten, doch man sei zuversichtlich und verbleibe mit freundlichen Grüßen … *Dagobert Meißner*. Immerhin ein Neuanfang, sagte ich mir.

Ein jegliches hat seine Zeit, so der Titel des Buches, um das es ging, war an einen Verlag in Rudolstadt gebunden gewesen, doch dann mit Bedauern zurückgeschickt worden, als der Verlag Insolvenz hatte anmelden müssen. Es war der letzte für mich verbleibende Verlag im Osten gewesen, und der war, wie ich erfuhr, von einem westdeutschen Unternehmer geprellt und ruiniert worden. Die Münchener Agentur versprach mir Rettung in prekären Zeiten.

Ich überwies die geforderte Gebühr und wartete ab. Abwartend stellte ich mir den Herrn Dagobert Meißner vor: ein beleibter Bajuware vermutlich, in grauem Flanell, berufserfahren, mit Durchblick, hellen Augen, schütterem Blondhaar und sonorer Stimme – und meist jovial. So hatte ich ihn vor Augen, nicht immerzu, aber immer wieder. Als aber über mehrere Monate kein weiteres Schreiben von ihm einging, verblassten er und sein Angebot. Doch siehe da, wenige Wochen vor Weihnachten erreichte mich der Cheflektor eines Westberliner Verlages und teilte mir mit, mein Buch würde noch vor dem Fest gedruckt und ausgeliefert werden. „Wir gratulieren uns zur Entdeckung Ihres Textes und Ihnen zur Veröffentlichung."

Erfreut meldete ich mich telefonisch in München und bat, mit Herrn Meißner verbunden zu werden. Seine Stimme kam mir irgendwie bekannt vor, auch kehrte die Vorstellung wieder, die ich mir von ihm gemacht hatte: *mein Bajuware.* Warum ich von den Verhandlungen mit dem Westberliner Verlag nicht längst erfahren habe, fragte ich ihn. „Aber, aber", antwortete er, „wir haben Ihnen doch diesbezüglich geschrieben." „Haben Sie das? Bei mir traf nichts ein." „Na dann", sagte Herr Meißner und beließ es dabei. Nicht lange später erreichte mich ein Brief, in dem Herr Meißner, so als wäre von all dem längst die Rede gewesen, zähe Verhandlungen mit Westberlin beschrieb, den eigenen Erfolg anpries und mir ein frohes Fest wünschte. „Nach den Feiertagen mehr, Ihr ergebener …" Es folgte kein weiteres Schreiben, keine Kopien irgendwelcher Verträge, keine gegenseitigen Aufrechnungen, nur Schweigen. Und in dieses Schweigen hinein versicherte mir der Westberliner Cheflektor, dass es kaum je Verhandlungen mit Herrn Meißner gegeben habe – „zähe gleich gar nicht", sagte er. Bei einem Routinebesuch in München sei ihm eingefallen, kurz bei der Agentur Meißner hineinzuschauen. „Und was erblickte ich dort? Raten Sie mal. Stapelweise Manuskripte auf Schränken, etliche hundert, schätzungsweise, und alle verstaubt. Reiner Zufall, dass ich auf Ihren Namen stieß, das Manuskript herausfischte und ein paar Seiten las. Alles Weitere ist ja bekannt. Zähe Verhandlungen – dass ich nicht lache!" Er lachte wirklich und sagte dann: „Und nun rechnen Sie mal. An die dreihundert Manuskripte, pro Stück DM 65,- Bearbeitungsgebühr. Das ergibt … so um die DM 19.500,- Ein stattliches Sümmchen, finden Sie nicht auch? Und alles in nur ein paar Monaten – und ohne Mühe!" Ich konnte es kaum glauben – so viele Schreiber in derart kurzer Zeit? „Haben Sie eine Ahnung", sagte der Cheflektor.

„Herr Meißner wird mehr an unveröffentlichten Manuskripten verdienen als manch ein Verlag an veröffentlichten."

Alfons Hirsch – Berlin, 1992

Das war noch vor dem Vertragsabschluss – und ich konnte froh sein, dass der überhaupt zustande kam. Ich hatte den Verleger verfehlt. Um mich kennenzulernen, hatte mich Herr Hirsch zu einem Essen „beim Italiener" am Savignyplatz eingeladen, ich aber war bei dem falschen gelandet. Lange hatte ich gewartet, lange hatte Herr Hirsch gewartet, und es dann aufgegeben. *Ein unzuverlässiger Schreiber*, wird er gedacht haben, *wie die Künstler so sind.* Die schlichte Nachfrage, ob in der Nähe noch ein anderer Italiener zu finden sei, hätte die Situation gerettet. So aber …

Wie gesagt, ich durfte froh sein, dass er gute Miene zum bösen Spiel machte und sich auf eine zweite Verabredung einließ, später sogar auf eine dritte. Bei der zweiten war ich so pünktlich wie bei der ersten gewesen, diesmal am richtigen Ort. Doch da hatte Herr Hirsch nur den flüchtigsten Moment Zeit für mich. Er war umringt von Menschen gewesen, Reiseveranstalter allesamt, die er zu einem Empfang in der Kongresshalle eingeladen hatte. Sein Verlag war damals noch für Städteführer, Länderführer, Atlanten zuständig. Literarisches war erst in der Planung. Einen kurzen Augenblick nur hatte sich Herr Hirsch von seinen Kunden lösen können, war mit ausgestreckten Händen auf mich zugekommen: „Da sind Sie ja, fein, fein. Prächtig. Zu schade, dass wir uns damals verfehlt haben – heute aber …" „Ich sehe schon", beeilte ich mich zu sagen, „heute passt es wenig." „Eben", sagte Herr Hirsch, wobei er freundlich zu mir hochblickte. Sein rundliches Gesicht und seine Augen glänzten. Er entnahm seiner Weste eine Visitenkarte und sagte: „Am Donnerstag um vier werden wir Zeit füreinander haben – passt Ihnen der Tag?" Ich nickte. „Nun, dann verwahren Sie die Karte. Sonst wissen Sie nicht, wohin", sagte Herr Hirsch und verschwand so eilig, wie er gekommen war …

Auf der Straße vor Herrn Hirschs Zehlendorfer Villa parkten teure Autos, in der Einfahrt auch. Wieder Fehlanzeige, dachte ich. Er musste übersehen haben, dass der Nachmittag verplant war. Atemlos tauchte er hinter dem Hausmädchen auf, das auf mein Läuten hin geöffnet hatte. „Oh, oh je", rief er, „es hat nicht sollen sein", und fügte dann eilig hinzu: „Aber Ihr Buch bleibt im Plan, bleibt im Plan. Kommt noch vor dem Fest. Der Vertrag auch." Er wies das Hausmädchen an, mir das Bibliothekszimmer zu zeigen. Ob ich eine Weile dort ausharren könne, bis sich der Trubel gelegt habe. „Sicher doch, Herr Hirsch", sagte ich. Mein Aufenthalt im Bibliothekszimmer erwies sich als aufschlussreich. Auf den Regalen längs der getäfelten Wände reihten sich in Leder gebundene Klassiker. Schwere Ledermöbel, dunkel wie die Wände, boten Komfort, und auf dem langen kniehohen Tisch mit gedrechselten Beinen war ein Rudel Hirsche verteilt, kleine und größere, geschnitzte und metallene. Angestrahlt zwischen den Bücherregalen leuchteten Bilder von röhrenden Hirschen in dichtem Laubwald. Einschließlich der Holz- und Metallskulpturen zählte ich zwei Dutzend Hirsche. Irgendwie machte das überall verteilte Rotwild den Herrn Hirsch menschlicher, sogar liebenswerter – Hirsche hin, Hirsche her! Angesichts des Verlagssterbens im Osten und des Ausscheidens vieler Autoren dort, durfte ich froh sein, ihn nach der Schlappe am Savignyplatz nicht verprellt zu haben. Um mir die Wartezeit zu verkürzen, schritt ich die Regale ab und – siehe da! – fand Kleists *Michael Kohlhaas*, den ich gegenwärtig las, in Leder gebunden und, wie all die anderen Klassiker, mit Goldbuchstaben beschriftet. Vorsichtig zog ich den Band heraus und stellte ihn gleich wieder zurück: *Michael Kohlhaas* war eine Attrappe, die einen Hohlraum verdeckte, in dem sich eine Flasche Cognac verbarg. Ich setzte mich und unterließ jeden weiteren Versuch. Als Herr Hirsch schließlich erschien, hü-

tete ich mich, den Fund auch nur anzudeuten. Er selbst aber, fröhlich beschwipst, wie er war, machte nicht den geringsten Hehl aus dem Gebrauch all der Klassiker. „Zu meinem Bedauern sehe ich, dass Sie auf dem Trockenen sitzen“, sagte er. „Hat Sie das Hausmädchen nicht aufgeklärt?“ „Aufgeklärt? Nein.“ Herr Hirsch machte eilige Schritte in Richtung Regale, zog hinterm *Kohlhaas* die Cognacflasche hervor, zauberte zwei Gläser auf den Tisch mit dem Rotwild und schenkte ein. „Stoßen wir auf Ihr Opus an“, sagte er frohgelaunt, „längst überfällig, finden Sie nicht?“ „Was lange währt …“, begann ich und er ergänzte den Rest.

Anonymus – Perth, 1995

Er lebte spartanisch in einer Einzimmerwohnung am King's Park im westaustralischen Perth, was für einen Witwer wie ihn seine Vorteile hatte – wenig häuslicher Aufwand, erschwingliche Miete und gleich über die Straße weite Grünanlagen mit Aussicht auf den Swan River. Den Park nutzte er allmorgendlich, wenn kaum jemand dort war, und die tägliche Bewegung im Freien hielt ihn fit und geistig rege. Hätte er sich den Bart nicht wachsen lassen, er wäre auf fünfzig geschätzt worden. Dabei ging er auf die sechzig zu. Und ein Vorteil war es wohl auch, dass er wenig aß, er es sich einfach nicht leisten konnte zu schlemmen. Gemüse und Früchte vom Markt, im Schlussverkauf besorgt, reichten ihm.

Er hatte aus der Not eine Tugend gemacht. Und es war kein Klagelied, das er anstimmte, als er mir den Abstieg von relativem Wohlstand zu relativer Armut beschrieb. Es sollte mir eine Lehre sein, wie er in nur zwölf Monaten im kalifornischen Hollywood seine beträchtlichen Ersparnisse vertan hatte. „Verrenne dich nie in den Gedanken, dass etwas, das du geschrieben hast, verfilmt wird, warnte er mich. Allzu spät war ihm diese Erkenntnis gekommen. Er hatte alles erwartet von seinem Roman über einen jungen Engländer, der sich in Afrika in die schöne Tochter eines Stammesältesten verliebt und die Enttäuschung seines Lebens erlebt, als er die schwarze Frau bei seiner Familie einzuführen versucht: Zerwürfnisse rundum und die bittere Erfahrung von Klassendünkel, Fremdenfeindlichkeit, rassistischen Vorurteilen. Er hatte den Roman über den Verfall einer Liebe in einer englischen Kleinstadt geschrieben, der sich etliche Wochen in der Bestsellerliste hatte behaupten können. „Und dann dieses Debakel. Welcher Teufel mich bloß geritten hat, den Verlockungen Hollywoods nachzugeben!“

Bristol, Hollywood, Perth waren seit dem Bucherfolg seine Lebensstationen – dem Wechselspiel von Erfolg und Verlockung war das Wechselspiel von Kunst und Vermarktung gefolgt und am Ende die Flucht in die Anonymität von Westaustralien. Er erzählte, mit welchen Hoffnungen er England verlassen hatte, sich aber in Hollywood bald genötigt sah, mit seinem Roman hausieren zu gehen und zunächst geringfügige, dann grundlegende Änderungen zu akzeptieren, bis hin zur völligen Entstellung des Inhalts – da war die Handlung nach Amerika zu verlegen gewesen, aus dem jungen Engländer war ein junger New Yorker Jude und aus dem Verfall einer Liebe in Bristol der Verfall einer Liebe in Manhattan geworden. Die Zeit und Nerven, die all das gekostet hatte, ganz zu schweigen von den Geldausgaben bis in den Ruin. „Mit jeder Änderung wuchsen die Forderungen diverser Drehbuchautoren, die mir vermittelt worden waren, und die Kosten für die Bewirtung angeblich interessierter Produzenten und Regisseure summierten sich ins Astronomische. „Fürchterlich", sage ich dir, „zum Fürchten! Endlich hieß es nur noch: Rette, was noch zu retten ist, und rette sich wer kann – nach down under, womöglich, in eine Wohnung wie diese." Er lächelte resigniert. „Hast du begriffen?" Ich hatte begriffen.

War mir nicht erst kürzlich nahegelegt worden, meinen noch unveröffentlichten Berlin-Roman aus den frühen achtziger Jahren ins Wendejahr zu verlegen, und war ich nicht nach reiflicher Überlegung zu der Einsicht gelangt, ein neues Buch sei leichter zu schreiben – man zieht eben keinen Faden aus einem Spinnennetz, ohne das Ganze zu gefährden. Ich ahnte sehr wohl, was es mit sich brachte, transponierte man eine Romanhandlung von England nach Amerika. Hollywood, oh Hollywood! Wie lange würde er von dem, was ihm geblieben war, leben können? Er zögerte, rechnete, dann sagte er: „Das Klima hier – was

brauchst du mehr als ein Hemd, einen Parka und Jeans. Und dauern wird's schon noch, bis sich meine Sandalen abgelaufen haben. Bleiben die Miete und was ich mir täglich vom Markt hole. Achtzehn Monate käme ich schon hin." „Und dann?", fragte ich. Wieder lächelte er. „… ist es nicht mehr lang bis zur Rente."

„Hasan Schmidt" – Gotha, 1995

In Gotha musste das Bahnpersonal gewechselt haben, denn kurz nach der Weiterfahrt wurden noch einmal die Fahrausweise verlangt. Ich blickte verwundert zu dem Mann hoch, ein beleibter Beamter mit blondem Schnauzbart und runden blauen Augen, der mir gutwillig Bescheid gab und mich den Fahrschein gleich wieder wegstecken ließ. Bei meinem Nachbarn, einem jungen Türken von etwa vierzehn Jahren, der seit Berlin in ein Buch vertieft gewesen war mit dem deutschen Titel: *Heißt du wirklich Hasan Schmidt?* verweilte er länger. Es war, als stimme etwas mit dem Fahrausweis nicht, den ihm der Türke gereicht hatte. „Bahnkarte!" Das hörte sich barsch an und bajuwarisch auch. Der Junge kramte in seinem Brustbeutel nach der in einer Klarsichthülle steckenden Bahnkarte. Die wollte der Beamte genauer sehen. „Hol die mal raus!", forderte er laut. Der Junge gehorchte. Der Beamte inspizierte die Bahnkarte rundum und verwandelte sich merklich. Es war, als wäre er einer Fälschung auf der Spur. Mit dem Zeigefinger fuhr er eine leere Spalte entlang. „Du Unterschrift hier!", sagte er. Der Junge schwieg. Er schien sich zu fragen, warum plötzlich derart laut und in gebrochenem Deutsch mit ihm geredet wurde. „Unterschrift hier!", wiederholte der Beamte. Noch immer schwieg der Junge. Verwirrt suchte er nach der Klarsichthülle, die ihm zwischen die Sitze geglitten war. Der Beamte wartete und strich sich den Schnauzbart mit dem Handrücken glatt. Der Junge, jetzt auf den Knien, eine Hand unterm Sitz, blickte zu dem Mann hoch. „Unterschrift, verstehst?" Die Augen des Jungen blieben auf den Mann gerichtet, der sich über ihm türmte. Er ließ nicht erkennen, ob er verstanden hatte. Den Beamten drängte es plötzlich. Er hatte die Geduld verloren. Er warf Fahrschein und Bahnkarte

auf den Sitz und rief: „Drei Kreuze tun's auch, wennst net schreiben kannst!“ Damit schlug er die Tür zu und verschwand zum nächsten Abteil.

Marvin Ruiz – New York, 2001

Der dunkelhäutige, vierschrötige Mann wirkt wie ausgestopft in seinem Anorak und Wollpullover. Sein Gesicht steckt so tief in der Kapuze, dass es überschattet ist, der graue Schnauzer und der kurze Bart heben sich ab, auch das Weiß der Augen und der Zähne. „What do you want to know, man?", fragt er gutwillig. „Was ein Journalist so wissen will", antworte ich, „Name, Herkunft, Alter …" Er nickt.

Marvin Ruiz heiße er, stamme aus Jamaika und sei fünfzig Jahre alt – und mehr als zwanzig davon obdachlos. Wie es ihn von Kingston nach New York verschlagen hat, verschweigt er, und zu seiner Armeezeit sagt er nur: „Hatte mit dem Krieg nichts zu schaffen – was, zum Teufel, hatten mir die Vietcong getan?" Meiner Verwunderung darüber, dass er als Veteran auf der Straße gelandet ist, begegnet er mit einem Achselzucken: „Hatte den Papierkrieg satt – als Maulwurf hast du keinen Ärger mit so was." Damit meint er sich und die anderen, die nachts im Schacht des World Trade Centers untergekommen waren. „Verdammt anständig von den Sicherheitsleuten", sagt er. „So gut wie dort werden wir's nie wieder haben." Immer mal wieder hatten sie sich vor den Haupteingängen mit dem Hut in der Hand hinstellen dürfen. „Zogen ja Tausende morgens rein und abends wieder raus – da fiel ziemlich was ab."

Ich bitte ihn von dem Morgen zu berichten, als die Flugzeuge in die Türme krachten. „Wie ging's euch da?" Er sieht mich an. „Oh Mann, wenn ich an dem Morgen da unten gesteckt hätte, wäre ich nicht hier. Die da noch steckten, sind tot. Hab von denen keinen mehr gesehen. Und kein Hahn kräht nach ihnen. Hat keiner ihre Fotos an Bäume geklebt, keiner Geld für sie gesammelt oder ein paar Worte über sie in die Zeitung gebracht. „Ob ich

damals so zeitig verschwunden bin, weil ich ’n Riecher hatte, wollen Sie wissen? Blödsinn! War früh auf den Beinen, das war der ganze Trick! Schutzengel? Genau so ein Blödsinn. Die, die von Schutzengeln faseln, erwischt es am Schluss nicht anders. Das weiß ich – hab’s in Vietnam oft genug mitgekriegt. Hatte Hunger an dem Morgen, war alles. Da sagte ich mir, ist ein sonniger Tag, geh schon mal los und mach dich auf zur Kirche ...“ Womit er die Suppenküche der Episcopal Church of the Angels meint, nicht die Kirche selbst, dies mächtige Backsteingebäude, das nicht zu übersehen gewesen war, als ich heute meine Wohnung aus dem Hinterausgang verließ. Es war zehn in der Früh und Obdachlose standen aufgereiht am Kirchenzaun und warteten. Die Schlange reichte um die Ecke bis weit in die 26. Straße, es mochten hundert oder mehr sein – Schwarze zumeist, Männer in Jeans und Anoraks, mit Wollmützen oder Kapuzen über den Ohren. Sie musterten mich, weil auch ich sie musterte, und reagierten spöttisch, als ich meine Kamera auspackte. Einer stellte sich in Positur und rief: „Ten Dollars!“ Ein anderer unterbot ihn: „Five Dollars.“ Bald steckte ich die Kamera wieder weg. Weil ich aber von Obdachlosen gehört hatte, die damals in den Schächten der Türme untergekommen waren, überwand ich mich und erkundigte mich nach deren Verbleib. Und wieder kamen Angebote: „Für zehn Dollar, fünf Dollar sagen wir’s. Lass was springen, Mann!“ Von einem zum anderen raunten sie sich mein Anliegen zu, doch erst am Ende der Schlange trat einer vor und sagte: „I’m your man.“ Es war Marvin Ruiz.

Nachdem er mir die Gefahren in dem U-Bahn-Schacht geschildert hat, in dem er jetzt haust, erzählt er von Weichen, die plötzlich zuschnappen, von Geröll und fallenden Brocken, von denen man dreckig wird, und dann erwähnt er das Bad in einem Hotel in Chelsea, das über einen Nebeneingang zu erreichen ist: „Steht immer offen der Ein-

gang, und das Bad auch, und um die Mittagszeit duscht da nie einer." Er mustert mich und fragt, ob ich begriffen habe. „Wenn ich hier fertig bin, mach ich dort hin", sagt er. Ich zeige ihm meine Kamera: „Darf ich?" „Nur zu", sagt er. Und dann: „Wie soll der Artikel denn heißen?" Ich zögere nicht: „Der Maulwurf vom Südturm." Er lacht. „Mein einstiges Zuhause – jammerschade drum", fügt er hinzu und verschwindet in die Suppenküche.

Rita Lasar – New York, 2002

In der National Cathedral von Washington hatte Präsident Bush die Opferbereitschaft eines Abe Zelmanowitz hervorgehoben. Der hatte im Turm des World Trade Centers bei seinem Freund Edward Beyea ausgeharrt, einem Rollstuhlfahrer. Zelmanowitz hatte auf die Hilfe der Feuerwehrleute gehofft, und beide waren sie verschüttet worden, als der vom Flugzeug getroffene Turm in sich zusammenfiel.

Das Fenster gewährt Ausblick zur Williamsburg Bridge, dem East River und fernab zur Spitze des Empire State Building – ein Manhattan-Panorama unter strahlender Sonne. Wie auch an jenem Septembermorgen, als Rita Lasar das Flugzeug den Südturm des World Trade Centers zertrümmern und in einem rotgelben Feuerball explodieren sieht. „Da sank ich auf die Knie und betete für meinen Bruder ..." Sie nimmt im Lehnstuhl mir gegenüber Platz und faltet die Hände – eine Frau in den Sechzigern, die Ruhe und Wohlwollen ausstrahlt.

„Was möchten Sie wissen?" „Alles", sage ich lächelnd. Auch sie lächelt und beginnt zu erzählen: „Da ist dieser Brief, den ich nach dem Tod meines Bruders an die *New York Times* schrieb. Mich trieb um, dass sein Tod missbraucht werden könnte und all die September-Toten herhalten sollten für einen Krieg, aus dem es kein Zurück mehr geben würde. Ich schrieb in der Hoffnung, ich könnte etwas bewirken. Nichts bewirkte ich. Unsere Bomben fielen – den Opfern von New York und Washington folgten die Opfer von Kabul und Kandahar. Danach verweigerte ich mich den Medien. Von mir kein Wort mehr, bis mich eines Tages die Anfrage der Vereinigung Global Exchange erreichte, ob ich bereit sei, mit drei anderen Frauen, die auch Verwandte bei den An-

schlägen aufs World Trade Center verloren hatten, nach Kabul zu reisen. Ich zögerte nicht. Jetzt ging es nicht nur um meinen Bruder, sondern um Hilfe für die Menschen in Afghanistan. Ich sehe, Sie verstehen das." Sie hält inne. „Seit ich Kabul mit eigenen Augen gesehen habe", fährt sie fort, „kann ich nicht anders, als von der verwüsteten Stadt zu sprechen, den Ruinen dort, dem Elend, dem verminten Boden und all den Versehrten, den abertausend unschuldigen Opfern der Bombenhagel und Landminen. Ich nenne keine Zahlen. Aber sicher sind es weitaus mehr, als wir bei den Luftangriffen in New York und in Washington zu beklagen hatten. Dazu all die obdachlosen Afghanen, die in Höhlen überwintern oder in Zeltlagern. Ich werde weiter von Waisenhäusern voll hungriger Kinder erzählen, von Krankenhäusern ohne Medikamente und von einer Frau namens Arifa, deren Mann und fünf Kinder durch Bomben umkamen und die von der amerikanischen Botschaft abgewiesen wurde, als sie dort um Hilfe bat: Wir empfangen keine Bettler, hatte man ihr gesagt."

Rita Lasar beschreibt, wie ihre kleine Frauengruppe sich entschlossen hatte, nun ihrerseits bei der Botschaft vorzusprechen. „Wir baten Frau Arifa, mit uns zu kommen, und diesmal wies man sie nicht ab, nahm ihre Not zur Kenntnis und versprach, sich für sie einzusetzen." Frau Lasar fällt meiner nächsten Frage ins Wort: „Warten Sie – lassen Sie mich einfach noch erzählen, wie herzlich und voller Anteilnahme wir von den Afghanen empfangen worden sind. Sie empfanden unseren Verlust wie einen eigenen Verlust und waren dankbar, dass wir zu ihnen gekommen waren. So arm die Menschen dort auch sind, nie ließen sie uns ohne ein Geschenk gehen – ach, könnte mein Bruder doch noch davon erfahren ..."

Aus der Vitrine nimmt sie das gerahmte Foto eines Mannes mit schütterem Haar und gütigen Augen hinter

runden Brillengläsern. „So war er“, sagt sie, „sehr religiös, ein Frommer aus einer Gemeinschaft von Chassidim in Brooklyn. Am Schabbes ging er stets zu Fuß.“ Sie wiegt den Kopf. „Dass er nie geheiratet hat und kinderlos blieb, ein Jammer. Wo er doch ein immer um andere besorgter Mensch war – wie an dem Morgen im World Trade Center, als er sich um seinen Freund Edward Beyea kümmerte, der im Rollstuhl saß und hilflos war. Für den hat er sich geopfert.“ Ob sie an seiner Stelle auch so gehandelt hätte, bezweifelt sie. „Aber für den Frieden werde ich immer sein, weil ich gegen alle Kriege bin.“ Sie schweigt. „Lassen Sie mich das einfacher sagen. Die Reise nach Afghanistan war für mich eine Reise für den Frieden, ein *easing of the heart* – eine Erleichterung des Herzens, wie ich sie hierzulande nie habe finden können.“

Manfred Tietz – Duisburg, 2016

Ich hatte ihn nicht erwartet – hier nicht. So gut wie alle Plätze waren in der kleinen Synagoge belegt, die neu errichtet worden war, wo vor den Pogromen die alte Synagoge mit goldener Kuppel gestanden hatte, und weil er sich hatte umsehen müssen, bemerkte ich den Freund sofort: Manfred Tietz. Die Yarmulka, jenes rituelle Käppchen, das er auf dem Kopf trug, musste er ausgeliehen haben. Er war ja kein Jude. Ich sah ihn in der letzten Reihe einen Platz finden, sah, wie er mir verstohlen zuwinkte. Ich winkte zurück. Und da wurde ich auch schon von dem jungen Rabbiner den Versammelten vorgestellt – ein jüdischer Schriftsteller aus Berlin, ehemals Duisburger, der eine seiner Erzählungen vortragen wird.

In den Synagogenfenstern glänzte hell das Sonnenlicht, fast zu sommerlich war der Sonntagnachmittag für Kulturtage zwischen Synagogenmauern. Weit passender ein Tag für das Kinderfest draußen auf den Wiesen am Fluss. Von dort drang Kinderlachen herein, Kinderstimmen und Kirmesklänge, sodass ich Mühe hatte, die Aufmerksamkeit der an die vierzig Zuhörer zu fesseln.

Manfred Tietzes Aufmerksamkeit war ich mir sicher – wäre er sonst hier? Und sicher war ich mir auch, dass ich nach der Lesung nicht mir selbst überlassen bleiben, es für mich kein einsamer Sonntagabend werden würde, kein ödes Zeitverbringen vor der Veranstaltung am nächsten Tag. Auf Manfred Tietz war auch heute wieder Verlass, so wie in all den Jahren, als er bei meinen Leseabenden in der Stadtbibliothek zugegen gewesen war, wie bei meinem Vortrag im Rathaussaal. Später hatte er selbst kleinere Veranstaltungen in verschiedenen Vororten der Stadt initiiert, vor allem aber war er es, der in den Siebzigerjahren meinen Roman *Stimmen im Sturm* für Duisburg entdeckt und dort bekannt gemacht hatte. Die Erzählung, die ich

jetzt vortrug, *Die einfachen Dinge*, brachte ich vorrangig für ihn zu Gehör, acht Seiten, die ich so gut wie auswendig wusste. So konnte ich hin und wieder zu ihm hinsehen.

Mir fiel auf, dass er seit unserer letzten Begegnung gealtert war, sein Haar ergraut, sein Gesicht zeigte Furchen, offensichtlich ertrug der Gymnasiallehrer mit den linken Überzeugungen den Ruhestand so wenig, wie ein Zugvogel das Stutzen der Flügel ertragen hätte. Während ich *Die einfachen Dinge* las, in der die Zerstörung meines Elternhauses geschildert wird, erinnerte ich mich, dass Manfred Tietz, damals noch im Amt, an die vierzig seiner Steinbart-Schüler zur Stolpersteinverlegung zu eben meinem Elternhaus in der Prinz-Albrecht-Straße gebracht hatte. Es wurde eine würdige Gedenkstunde für meine in Auschwitz ermordeten Eltern. Sie gab mir etwas von der verlorenen Heimatstadt zurück. Ich sah Manfred Tietz hinten in der letzten Reihe die ihm so ungewohnte Yarmulka aus der Stirn schieben. Er sah, dass ich das sah, und lächelte …